¿Aceptarías un NO por respuesta?

Historias reales que inspiran,
desafían y transforman

Mayela Zambrano

¿Aceptarías un NO por respuesta?
Todos los Derechos de Edición Reservados
© 2025, Mayela Zambrano
Portada © 2025, María Inés Quevedo

Pukiyari Editores

Prohibida la reproducción total o parcial de este libro. Este libro no puede ser reproducido, transmitido, copiado o almacenado, total o parcialmente, utilizando cualquier medio o forma, incluyendo gráfico, electrónico o mecánico, sin la autorización expresa y por escrito del autor, excepto en el caso de pequeñas citas utilizadas en artículos y comentarios escritos acerca del libro.

ISBN-13: 978-1-63065-168-8

*A mi esposo y a mis hijos,
quienes siempre tuvieron fe en mí
y me impulsaron para hacer realidad este sueño.*

Índice

PRÓLOGO 13

Historias de resiliencia y crecimiento personal............... 17

   Del abandono al triunfo
   Por Marlon Bello 19

   El poder transformador de un NO
   Por Nilda Cardozo...23

   El NO más difícil de vencer
   Por Ekaterina Bondarenko 25

   El NO que me hizo libre
   Por Mayela Barragán...28

   Cuando el NO se convierte en impulso
   Por Henry Tineo 31

   Del NO del miedo al SÍ de la libertad
   Por Yeidi Pabón 34

   Superando los límites. El NO que me impulsó
   Por José Antonio Betancourt 37

   La carrera que me enseñó a volar
   Por Arelis Guerrero 39

   Una historia de perseverancia y destino
   Por Carlos Zambrano 41

   Decir NO al miedo cambia nuestra historia
   Por Anónimo...45

Cómo convertir un NO en un SÍ y reiniciarlo todo
Por Mayela Zambrano..50

La evolución de mi propósito
Por Mary Claudia Andrade.................................... 53

Historias de fe y espiritualidad 55

El NO que alimentó el alma de los olvidados
Por Mayela Zambrano..57

Un NO que impactó mi vida
Por Simón Zambrano.. 60

Integridad ante la tentación
Por John Troya 62

Renunciar a la Eucaristía para vivir una comunión mayor
Por Anónimo..65

Historias de familia y amor incondicional 69

El poder del NO rotundo
Por Anónimo 71

El SÍ que nació de un NO
Por Aleyda Molina 74

El NO que se convirtió en un amor eterno
Por Simón Sánchez 77

Las palabras pesan más que las piedras preciosas
Por Mayela Zambrano 79

El poder de un NO a tiempo
Por Teresa Chacón..82

Mapa de un corazón dividido
Por Yaneth Gil 85

Del NO de mi padre a mi destino
Por Mayela Zambrano 87

El NO que me desestresó
Por Raúl Rivera 89

El NO que definió mi vida
Por Gloria Duque 91

Las ruedas de mi determinación
Por Coromoto Zambrano 94

Historias de decisiones y cambios de rumbo 97

Un NO convertido en bendición
Por Krystina Zambrano 99

Cuando un NO te detiene, pero no te derrota
Por Luz Bobadilla 102

Buscando cambios cuando te dicen que NO
Por Aquiles Bottini 105

El NO que abrió la puerta grande
Por Mayela Zambrano 107

La libertad tenía un precio y yo lo pagué
Por Coromoto Roa 110

Superando el NO con persistencia
Por Sara Ester Hernandez 113

Historias de emprendimiento y superación profesional 117

La determinación vale más que el dinero
Por Viviana Moreno 119

Un NO que todavía me duele
Por Olga Salazar 122

¡Ese NO que recibí y fue imposible cambiar!
Por Raúl Pérez.. 124

El NO que me hizo periodista
Por Mayela Chacón... 127

No escuches esa voz
Por Eligio Chacón 129

El SÍ absoluto
Por Mayela Zambrano..133

PRÓLOGO

Se dice que una persona está completa cuando ha experimentado tres cosas en la vida: un gran amor, sembrar un árbol y escribir un libro. En mi camino, he tenido la dicha de conocer el amor en su máxima expresión y de plantar no solo un árbol, sino varios, viendo cómo la vida se abre paso a través de cada semilla. Sin embargo, me faltaba el tercer elemento, y con este libro, *¿Aceptarías un NO por respuesta?*, completo ese círculo y cumplo un propósito que ha estado latente en mi corazón.

Más allá de ser un logro personal, este libro nació en medio de un reto que compartía con mi hija, llamado Mañanas Milagrosas. Durante esas jornadas, mientras leíamos en grupo el libro *Reseteate* de Elina Rees, tuve un momento de revelación, un verdadero eureka. Fue como si de pronto tomara plena conciencia de algo que, en el fondo, siempre había sabido: la vida está llena de NOES.

Esta idea marcó un punto de inflexión para mí. Me pregunté: ¿Cuántas personas, al igual que yo, han acumulado historias de NOES a lo largo de su vida? ¿Cuántas de esas negativas han sido desafíos, aprendizajes o incluso impulsos para algo mejor? Entonces, surgió la pregunta clave: ¿Y si recopilara todas esas historias en un libro? Un libro que no solo sirviera de inspiración, sino que también ayudara a otros a enfrentar y transformar esos NO que se presentaron como barreras en su camino en un triunfal SÍ.

En estas páginas se reúnen historias reales de personas que escucharon un NO y eligieron no aceptarlo como un punto final sino como un impulso para seguir adelante. Son relatos de lucha, de resiliencia, de reinvención y, sobre todo, de esperanza. Historias que pueden resonar con el lector porque, en el fondo, todos hemos pasado por momentos en los que sentimos que una puerta se cierra. La diferencia está en quienes deciden seguir buscando otra entrada.

Este proceso de creación del libro ha sido un viaje fascinante. Cuando lancé la invitación a mis amigos y conocidos para compartir sus experiencias, la respuesta fue abrumadora. Cada persona que me confió su historia no solo me permitió conocer su mundo interior, sino que también me demostró que todos, en mayor o menor medida, llevamos dentro la capacidad de sobreponernos a la adversidad.

A ellos, a quienes con generosidad compartieron un pedazo de su vida para dar forma a este libro, les extiendo mi más profundo agradecimiento. Sin su valentía, este proyecto no habría sido posible. Y a ti, querido lector, te invito a sumergirte en estas páginas con la mente abierta y el corazón dispuesto. Tal vez aquí encuentres la inspiración que necesitas para transformar tu próximo NO en la fuerza que cambiará tu vida.

Bienvenido a este viaje de descubrimiento y transformación.

Mayela Zambrano

Historias de resiliencia y crecimiento personal

Del abandono al triunfo
Por Marlon Bello

Nací con una pierna más corta que la otra, un defecto que, desde el primer instante, marcó mi destino. Apenas abrí los ojos al mundo, fui rechazado por quienes se suponía que debían amarme incondicionalmente. Mi madre, al ver mi condición, decidió que no podía —o no quería— hacerse cargo de mí. Me entregó a mi abuela sin una pizca de remordimiento. Mi padre tampoco estuvo presente; ya tenía otro hogar, otra vida, otra historia en la que yo no tenía cabida.

Así comenzó mi vida. En manos de una abuela que, aunque me quería, apenas podía con la carga de la pobreza. Lavaba y planchaba ropa ajena, limpiaba casas de otros, mientras yo pasaba los días en un hogar donde no me querían. Mis primos, en ausencia de la abuela, me hacían la vida imposible. Se comían mi comida, me golpeaban, me insultaban. Cuando llovía, me echaban fuera de la casa, y muchas noches tuve que dormir en el suelo húmedo, con el frío calándome los huesos y la soledad envolviéndome como un manto oscuro.

No tenía a nadie que me defendiera. Pero en mi interior ardía algo que ni el rechazo ni el dolor podían apagar, y es que yo tenía una determinación inquebrantable de salir adelante.

Desde niño busqué la manera de sostenerme por mí mismo. Me convertí en mandadero, corriendo de un lado a otro, cojeando por las calles, haciendo encargos por unas cuantas monedas. Con lo que me daban compraba mi ropa, mis útiles escolares, lo que necesitase para aprender. Y es que había decidido que el conocimiento sería mi arma.

A los doce años tomé la decisión más difícil pero necesaria de mi vida y me fui de casa. No podía seguir soportando el maltrato. Busqué refugio en el hogar de una señora que, aunque no tenía mucho, me dio un techo y un poco de cariño. Pero la vida no me daba tregua: al poco tiempo ella falleció, dejándome de nuevo a la deriva.

No me rendí. Me inscribí en un colegio nocturno y, estudiando con muchas ganas, logré graduarme de bachiller, Con mucho esfuerzo, logré ingresar en la Universidad Simón Rodríguez y obtuve mi título en Educación Especial.

Pero había algo más dentro de mí, un talento que se fue gestando con los años, mi amor por el fútbol. Mi discapacidad nunca me detuvo. Me aferré al deporte con pasión, con rabia, con ganas de demostrar que podía hacer lo que muchos creían imposible. El Centro Experimental de Arte Don Pepe Melani vio mi potencial y me dio el impulso que necesitaba. Gracias a ellos, fui contactado por entrenadores que creyeron en mí.

Contra todo pronóstico, me convertí en arquero. Y no cualquier arquero, sino uno de los mejores. Competí en la Liga de Paralímpicos, ganando campeonatos y, finalmente, representé a Venezuela en los Juegos Paralímpicos en Canadá, donde obtuve una medalla de bronce. Más tarde, viajé a España y gané medalla de plata. Mi sueño se estaba haciendo realidad, y cada logro fue un golpe en la cara de todos aquellos que me dijeron que no podría.

Hoy en día, soy profesor en la Escuela Especial Monseñor Jáuregui. Sigo jugando en el equipo paralímpico de Venezuela, viajando a competencias internacionales. He sido reconocido en el Día del Deporte, el Día del Educador, y he recibido múltiples condecoraciones. Además, he encontrado una nueva pasión: la luthería, el arte de construir y reparar guitarras, algo que complemento con mi carrera.

Las lecciones que me dejó la vida

1. El rechazo no define tu destino. Si me hubiera dejado consumir por el abandono y el maltrato, jamás habría llegado a donde estoy hoy. Aprendí que el amor propio y la determinación pueden convertir cualquier NO en una oportunidad.

2. El sufrimiento no es excusa para rendirse. Pasé hambre, frío, soledad, pero nunca dejé de soñar. Si te caes, levántate. Si te cierran una puerta, rompe otra.

3. La educación y la disciplina son las armas más poderosas. No tenía recursos, pero tenía la voluntad de aprender. Lo que he logrado no fue por suerte, sino por años de sacrificio.

4. No importa cómo empieces, sino cómo decides continuar. Mi historia no estaba escrita por mi discapacidad, mi abandono o mi pobreza. La escribí yo, con cada paso, cada esfuerzo, cada lágrima convertida en impulso.

Hoy miro atrás y veo a ese niño que una vez durmió bajo la lluvia, con el estómago vacío y el corazón roto. Le sonrío y le digo: «Lo logramos».

El poder transformador de un NO
Por Nilda Cardozo

En el transcurso de mi vida, he aprendido que decir NO no es una limitación, sino una declaración de poder. Cada NO que he pronunciado ha sido una puerta que se ha cerrado para abrir un camino más grande, más digno, más alineado con mi propósito.

Desde niña, aprendí que decir NO a la mediocridad no era cerrarme oportunidades, sino abrirme a la excelencia. No acepté que mis circunstancias definieran mi destino, sino que decidí labrar mi propio sendero. Sabía que había algo más allá de la escasez y, con cada paso, convertí los límites en escalones para alcanzar mis sueños. Hoy sé que ese mismo poder está en cada uno de nosotros.

Le dije NO a la comodidad de una carrera técnica cuando mi alma me pedía más. Aunque hubo dudas —algunas propias y otras impuestas por quienes no entendían mi visión—, seguí adelante. No una, sino tres veces me reinventé, demostrando que los sueños no tienen fronteras cuando están sostenidos por la convicción y el esfuerzo. Ahora, con orgullo, veo que mi historia inspira a mis hijas y a muchas personas que buscan su propio camino.

Dije NO al abuso, a la codependencia, a la ignorancia que enreda y al maltrato que anula. Atravesé la oscuridad de la incertidumbre, pero no me detuve ahí. En lugar de quedarme atrapada en el dolor, elegí reconstruirme. Y en esa restauración encontré fortaleza, claridad y un propósito más grande: Ser una luz para quienes aún buscan la salida de su propio túnel.

He dicho NO a la corrupción, a la deslealtad y a la mentira, porque mis valores no son negociables. Todo lo vivido formó la base de la mujer que soy en el presente. Una mujer que se respeta, que se valora y que entiende que cada decisión define la calidad de vida que construimos. No soy perfecta, sé que todavía me esperan muchos NOES por decir en mi camino, pero he aprendido que cada NO bien dicho es un SÍ a una vida con propósito, con integridad y con grandeza.

Y aquí está la enseñanza. Decir NO no es perder, es elegir con intención. Es dejar de conformarnos con lo que nos limita para abrirnos a lo que nos impulsa.

Ahora te pregunto: «¿A qué necesitas decirle NO hoy para que tu vida refleje la grandeza que llevas dentro?».

El NO más difícil de vencer
Por Ekaterina Bondarenko

Así como muchos, yo también he enfrentado numerosas negaciones, tanto aquellas impuestas por otros como las que yo misma me he cargado. Han sido tantas que resulta difícil recordarlas todas. Sin embargo, cada una de ellas ha representado una valiosa oportunidad de aprendizaje, transformación y crecimiento. Algunas me llevaron a mejorar, mientras que otras me hicieron tropezar y dudar, sin comprender en el momento la relevancia de esos resbalones para mi desarrollo personal.

A lo largo de mi vida, ha existido un ser que ha estado atado a mí como un cordón umbilical, aferrándose con fuerza, impidiéndome respirar con libertad. Todo lo que he intentado hacer ha estado marcado por su presencia, siempre susurrándome al oído: *No lo puedes hacer, no lo lograrás, no vale la pena intentarlo, es demasiado esfuerzo. Mejor ni lo trates de hacer, porque solo hallarás decepción.*

He confiado en este ser de manera absoluta. No había malicia en sus palabras, solo una aparente intención de protegerme. Sin embargo, sus advertencias fueron el peso que sofocó mis sueños y dejó proyectos enterrados en el olvido, algunos temporalmente y otros para siempre.

Esta ha sido siempre la primera voz en la que he confiado al compartir mis aspiraciones, y, aun cuando busco alejarlo, nunca puedo deshacerme de él. Ni nunca podré.

Pero con el tiempo, comencé a comprender que esas negativas constantes, esas sombras de duda, no eran más que disfraces de oportunidades. Cada NO que este ser susurraba a mi oído se convirtió en una chispa que encendía una lucha interna, comencé a rebelarme y a desafiarlo. Empecé a notar que mi rebeldía comenzaba a dar frutos y que mis metas se hacían cada vez más deseables. Sin darme cuenta, mis propias batallas se volvieron el campo de entrenamiento para mi fortaleza. Elaboré estrategias, creé planes, y cada NO que intentó detenerme, lo único que logró fue prepararme y darme fortaleza para alcanzar lo que parecía imposible.

Así, en esta maravillosa y aventurera travesía que llamamos vida, esas posibilidades disfrazadas de negación moldearon lo que soy hoy. Me dieron la capacidad de seguir adelante, de perfeccionar mis estrategias y de fortalecer mi espíritu ante este ser que con sus NOES intentaba limitar lo que podía lograr.

Y la paradoja más grande de todas es que este ser en quien tanto confié, y en quien tanto confío, quien más NOES me dijo y más puertas me cerró, no fue otro que yo misma.

El peor enemigo no es aquel que nos niega oportunidades, sino la voz interna que nos convence de que no somos capaces. Cuando dejamos de escuchar el NO dentro de nosotros y nos atrevemos a desafiarlo, descubrimos que la única barrera real entre nuestros sueños y su realización es la que nos imponemos a nosotros mismos.

El NO que me hizo libre
Por Mayela Barragán

Las calles adoquinadas de Génova fueron testigos de muchas historias. De amores, de batallas, de despedidas. Pero ninguna como la que aquella mañana fría de invierno se desarrollaba en la elegante sala de reuniones de un bufete de abogados, a pocos pasos de la Piazza della Vittoria.

Frente a mí, con su postura altiva y su mirada cargada de superioridad, estaba el hombre con quien compartí años de amor, hijos y sueños. El hombre con quien dejé mi tierra para construir un hogar en un país que no era el mío. Y, sin embargo, ahora me exigía algo impensable:

—Debes regresar a tu país. No puedes quedarte aquí.

Las palabras eran frías, como una sentencia dictada sin emoción. Yo, que le di todo, que moldeé mi vida en función de la suya, ahora era reducida a una extranjera a la que podían simplemente desechar con una firma y un sello legal.

Pero lo que él no sabía, lo que jamás pudo anticipar, es que en ese instante nacía una nueva versión de mí.

Respiré profundo. Sentí el peso del pasado en mis hombros, la voz de mi antiguo yo diciéndome que el miedo era un enemigo sigiloso, que me había mantenido atada en la sombra de alguien que nunca supo ver mi luz. Entonces, sucedió.

—No —dije con fuerza.

No fue un grito. No fue un lamento. Fue una afirmación poderosa, firme, como el sonido de un martillo sellando el destino.

Los abogados se miraron sorprendidos. Mi exesposo entrecerró los ojos, confundido. Nunca esperó que la mujer que fue su esposa, la que siguió su camino sin cuestionar, tuviera la audacia de desafiar su mandato.

Pero ahí estaba yo, no solo negándome a desaparecer, sino reclamando mi derecho a existir, a vivir, a construir mi futuro en el mismo suelo donde mis hijos nacieron.

Aquel NO marcó el inicio de una nueva era para mí. Me fortalecí, encontré aliados, busqué otro abogado. La batalla no fue fácil. Pero, con cada obstáculo, mi determinación creció. Y cuando el juicio concluyó, la historia dio un giro inesperado: Fue él quien tuvo que salir de la casa que juntos habíamos construido. Yo me quedé con mis hijos. Me quedé con mi vida.

En los meses siguientes, mientras el eco de aquel NO aún resonaba en mi interior, descubrí una verdad que había estado dormida dentro de mí. No era solo el fin de un matrimonio, era el nacimiento de mi libertad. Retomé mis sueños, me entregué a mi profesión con la pasión que antes relegué a un segundo plano.

Y así entendí que no todos los finales son derrotas. A veces son el primer paso de una historia que nunca imaginamos escribir.

Hay momentos en la vida en los que un NO es la respuesta más valiente que podemos dar. Un NO puede salvarnos de la resignación, del olvido de nosotros mismos, de una vida en la que solo existimos para cumplir las expectativas de otros. Un NO bien dicho, en el momento correcto, puede ser el inicio de nuestra verdadera libertad.

Cuando el NO se convierte en impulso
Por Henry Tineo

Desde niño, el béisbol fue más que un simple juego para mí. Era mi mundo, mi sueño, la imagen recurrente en mi cabeza, en donde veía un estadio lleno, el sonido del bate golpeando la pelota, el rugido de la multitud. Pero en casa, ese sueño no encontraba eco. Mis padres tenían otros planes para mí: educación, estabilidad, un futuro seguro lejos de riesgos e incertidumbres. Para ellos, el béisbol no era una opción real, sino una fantasía pasajera.

A los doce años entendí que si nadie más creía en mí tendría que ser suficiente con que yo lo hiciera. Sin el respaldo de entrenadores ni el aliento de mi familia, me entrené con lo que tenía. Observaba jugadores, memorizaba sus movimientos, practicaba en solitario cada *swing*, cada lanzamiento, cada carrera. Pero no solo en casa me encontré con el escepticismo. Amigos, compañeros y entrenadores me decían que era demasiado pequeño, que no tenía talento, que jamás llegaría lejos.

Sus palabras ardían, pero en lugar de apagar mi fuego, lo avivaban. Me despertaba antes del amanecer para fortalecer mis piernas, lanzaba cientos de pelotas al día hasta sentir que mi brazo no podía más, estudiaba jugadas como si fueran exámenes finales. No tenía ventajas, pero sí disciplina, voluntad y un deseo imparable de demostrar que los límites solo existen en la mente de quienes se rinden.

Los años pasaron, y mi esfuerzo comenzó a dar frutos. Mi juego mejoró, y las oportunidades empezaron a surgir. A pesar de no conseguir un contrato profesional tras varios *tryouts*, el béisbol me abrió una puerta inesperada. La Universidad Metropolitana me ofreció una beca como atleta de alto rendimiento.

Era el equilibrio perfecto, cumplir el sueño de mis padres de verme graduado sin renunciar al mío. Durante mis años universitarios, no solo estudié con dedicación, sino que también representé a mi universidad en la selección de béisbol, ganando campeonatos que nunca imaginé.

Mirando hacia atrás, entiendo que el béisbol me enseñó mucho más que técnicas y estrategias. Me enseñó el valor de la perseverancia, la resiliencia ante los fracasos y el poder de creer en mí mismo cuando nadie más lo hizo. Me enseñó que un NO no es un muro, sino un trampolín. Que cuando te dicen que no puedes, la única respuesta válida es demostrar que sí.

La vida está llena de NOES. A veces vienen de otros, a veces de nuestras propias dudas. Pero lo que realmente importa es qué haces con ellos. Puedes dejarlos enterrarte o puedes usarlos como escalones. Cuando enfrentes un NO, pregúntate: ¿Será esto el final o el impulso que me lleve aún más lejos?

Hoy sé que cada obstáculo, cada negación y cada duda fueron piezas fundamentales en mi camino. Porque el éxito no es solo alcanzar un objetivo, sino la persona en la que te conviertes en el proceso.

Del NO del miedo al SÍ de la libertad
Por Yeidi Pabón

Desde pequeña, crecí en un hogar donde la lucha era el pan de cada día. Mi madre, con esfuerzo y sacrificio, nos dio lo que pudo, y aunque tuvimos carencias, también hubo pequeños sueños cumplidos, como mis clases de *ballet*.

Cuando terminé el bachillerato, encontré lo que creía ser mi destino en una relación estable, un hogar y una vida "segura". Me mudé con mi pareja a un apartamento de su familia, sintiendo que había alcanzado la estabilidad que tanto anhelaba. Pero con el tiempo, me di cuenta de que mi vida era monótona y sin crecimiento. El miedo a perder lo poco que tenía me hizo soportar infidelidades, abusos y una rutina vacía.

Años después, la crisis económica se agravó, y no solo eso, yo quedé embarazada por segunda vez. En lugar de haber sido la felicidad más grande, fue algo muy preocupante, porque vivíamos una terrible situación económica con días en que no había ni para comer. Entonces mi prima Krystina, quien vive en los Estados Unidos, nos dio una oportunidad inesperada: solicitó un *parole* para que nos fuéramos todos a USA. Pero solo me lo aprobaron a mí.

No puedo irme sola, me repetía. *No puedo dejar a mi hija. No puedo vivir sin él.* El miedo me ataba, me hacía creer que sin mi pareja no sobreviviría. Pero mi tía, que era la persona que nos iba a recibir en su casa, insistió: «Este es tu momento. Tienes que hacerlo por tu hijo, por ti».

Y un día, reuní el valor y dije SÍ.

Llegué a EE.UU. con el corazón roto, pero con una oportunidad nueva. Mi tía me recibió con amor y un trabajo listo en un *daycare*, pero lo más importante fue que me abrió las puertas al crecimiento personal. Me inscribió en un reto de veintiún días sobre la abundancia, me enseñó sobre el poder de la gratitud y la importancia de rodearse de las personas adecuadas. Por primera vez, mi mente se expandió y comencé a ver que el mundo tenía mucho más para ofrecerme.

Mientras mi bebé crecía en mi vientre, yo también florecía. Mis miedos se desvanecían y empezaba a sentirme fuerte. Pero algo seguía doliendo, y es que mi hija y mi pareja estaban lejos. Así que luché por traerlos. Finalmente, lograron llegar, pero para entonces, yo ya era otra mujer.

Ya no quería una relación donde me sentía minimizada y llena de miedos por no saber qué hacer con mi vida. Ya no tenía miedo a estar sola. Había aprendido en ese corto tiempo en que viví en Estados Unidos que mi fuerza no dependía de otra persona, sino de mí. Y así, tomé otra decisión difícil. Era tiempo de cerrar ese ciclo.

Hoy, soy una mujer libre, con mis hijos a mi lado y con la certeza de que los NOES que me dijeron y que me dije a mí misma fueron lecciones necesarias. Porque cuando decidimos cambiar, cuando elegimos decirnos SÍ a nosotros mismos, todo en la vida se transforma.

Todo esto que he vivido me ha dejado grandes lecciones que quiero compartirles.
- Cuando le dije NO al miedo y SÍ a la oportunidad, mi vida cambió. ¿Cuántos NOES te han salvado de una vida que no era para ti?
- Somos el reflejo de las cinco personas con las que más compartimos. Durante años viví en un entorno que no me impulsaba a crecer. Solo cuando cambié de ambiente, mi mente se expandió y pude descubrir mi verdadero potencial. ¿Las personas que te rodean te elevan o te estancan?
- Yo llevaba años esperando que mi pareja cambiara, que la situación mejorara, que algo externo me diera la vida que deseaba. Pero la verdadera transformación comenzó cuando yo decidí cambiar. Yo perdí mi estabilidad, mi relación y mi vida tal como la conocía. Pero al perder, también gané independencia, seguridad, propósito y un futuro mejor para mis hijos. ¿Qué pérdida en tu vida podría ser en realidad una bendición disfrazada?

Superando los límites. El NO que me impulsó
Por José Antonio Betancourt

Uno de los momentos más desafiantes de mi vida llegó durante mi adolescencia. A los catorce o quince años, mientras terminaba la secundaria, recibí un diagnóstico que marcó un antes y un después en mi historia. Los médicos me dijeron que no alcanzaría un crecimiento normal en estatura. Medía apenas 1.50 metros, lo que me hacía ver muy bajo en comparación con mis compañeros, que ya rondaban entre 1.70 y 1.80 metros.

Esta diferencia física no pasó desapercibida en mi entorno. En la escuela y el vecindario, las burlas eran constantes. Me pusieron apodos despectivos como Enano, Chaparro, Pedazo, Chiquito, Cacho, Pequeñín y, el más cruel de todos, "Elena", un acrónimo burlón que significaba "El Enano". Aquellas palabras hundieron mi autoestima y me hicieron sentir menospreciado, diferente de una manera que consideraba negativa.

Me negaba a aceptar aquel veredicto médico. Le pedí a mis padres que me llevaran con otro especialista para obtener una segunda opinión. Sin embargo, el nuevo diagnóstico fue el mismo, mis huesos eran demasiado cortos, y, además, sufría de desnutrición debido a una alimentación deficiente. Pero el médico también propuso una solución: mejorar mi dieta, tomar suplementos y realizar ejercicios que estimularan mi crecimiento, como el básquetbol.

La sugerencia me pareció absurda al principio. ¡Jugar básquetbol! ¡Con una estatura de 1.50 metros contra gigantes de 1.80 metros! No parecía tener sentido. Pero decidí intentarlo. Me dediqué a desarrollar habilidades que compensaran mi baja estatura. Me volví ágil, rápido y aprendí a escabullirme entre las piernas de mis oponentes. Con el tiempo, mejoré mi salto, fortalecí mis músculos y, lo más importante, mi mentalidad cambió. Dejé de ver mi estatura como un obstáculo y comencé a trabajar en lo que sí podía controlar.

Con el esfuerzo y la disciplina, empecé a crecer. Quizá no fue un crecimiento milagroso, pero sí fue más de lo que los doctores habían pronosticado. A los dieciocho años, medía 1.69 metros, diecinueve centímetros más de lo que se suponía que alcanzaría.

Esta experiencia me dejó una gran enseñanza: Muchas veces nos creamos nuestras propias barreras y dejamos que el NO nos derrote antes de intentarlo. Pero el NO no es definitivo, solo es una oportunidad para desafiar los límites y demostrarnos que sí se puede. Lo que otros dicen sobre nosotros no define nuestro destino. La determinación, el esfuerzo y la fe en uno mismo pueden cambiar cualquier pronóstico.

La carrera que me enseñó a volar
Por Arelis Guerrero

Desde que nací, mi cadera fue un desafío. La displasia me acompañó como una sombra, limitando mis movimientos, poniendo barreras en mi camino. Fui intervenida, pero las secuelas seguían ahí, recordándome constantemente que mi cuerpo tenía sus propias reglas.

Cuando dije que quería correr una media maratón, me respondieron con incredulidad. «Eso no es para ti», «Tu cadera no lo soportará», «No vale la pena arriesgarte». Pero dentro de mí ardía un fuego que se negaba a apagarse. No estaba dispuesta a aceptar un NO como respuesta.

Cada paso que di en la preparación fue un pequeño triunfo. Hubo dolor, hubo cansancio, pero también determinación. Y el día de la carrera, cuando mis pies tocaron el asfalto, supe que no había vuelta atrás. Mientras avanzaba, vi a corredores con discapacidades mucho mayores que la mía. Personas sin una pierna, con muletas, con retos que parecían imposibles, pero que, al igual que yo, estaban ahí, desafiando lo establecido.

Ellos no se rindieron. ¿Por qué habría de hacerlo yo?

El momento en que crucé la meta fue indescriptible. No se trataba solo de una carrera, sino de algo mucho más grande: era la prueba de que nada es inalcanzable si la mente y el corazón están alineados con el propósito.

Hoy sé que la mayor limitación no estaba en mi cadera, sino en los límites que otros intentaban imponerme. Y también entendí algo aún más poderoso: No importa cuántas veces te digan que no puedes, lo que realmente afecta tu realidad es cuántas veces decides seguir adelante.

Así que, si alguna vez te dicen que algo es imposible, recuerda que solo tú tienes el poder de definir tus propios límites. Correr aquella media maratón no fue solo una victoria personal, fue la prueba de que cuando nos negamos a rendirnos, logramos volar.

Una historia de perseverancia y destino
Por Carlos Zambrano

Un NO puede ser una puerta cerrada o el impulso necesario para encontrar otra entrada. Puede sentirse como un muro infranqueable, como un obstáculo que nos detiene. Pero cuando la determinación es más fuerte que la adversidad, un NO se convierte en un peldaño más en la escalera hacia el éxito. En nuestra historia, el NO se presentó una y otra vez, pero la fe, la paciencia y la perseverancia nos llevaron al destino que siempre soñamos. ¿Quieres saber cómo lo logramos?

Comencé a trabajar para Schlumberger en el año 1993. En el 2005, la compañía me trasladó a los Estados Unidos. Desde el momento en que pisamos este país, supimos que aquí estaba nuestro hogar. Nuestro deseo como familia era construir nuestro futuro en esta tierra de oportunidades, pero la gran barrera que se interponía entre nosotros y nuestro sueño era que nuestra visa de trabajo tenía una duración limitada, tal vez siete años, no más. Sabíamos que para quedarnos nos tocaba encontrar la manera de obtener la residencia.

Desde el tercer año de estar aquí, comencé a solicitarle a Schlumberger que patrocinara nuestra residencia. Pero cada petición era respondida con la misma palabra, NO. Una y otra vez, sin excepciones. Y cuando el tiempo de nuestra visa se agotó, la compañía nos envió fuera del país. Primero, fuimos trasladados a Brasil, donde trabajé durante dos años. Luego surgió la posibilidad de mudarme a Irak, pero debido a la inestabilidad política, el plan se desmoronó. Como alternativa, Schlumberger me destinó a Paraguay.

Sin embargo, el proyecto en Paraguay no tuvo éxito y, después de solo seis meses, fue cancelado.

Con veintidós años de servicio en la empresa, llegó la noticia devastadora de mi jubilación forzada. De un día para otro nos encontramos sin empleo, sin estabilidad y con un futuro incierto. Pero lo más doloroso era que teníamos nuestro hogar en los Estados Unidos, nuestra vida estaba allá. Y ahora, sin el respaldo de la compañía, la gran pregunta era ¿cómo regresar?

A pesar de la incertidumbre, tomamos una decisión firme. Nos propusimos retornar a Houston. Nuestra casa seguía allí, al cuidado de una familia mientras vivíamos en Brasil. Pero volver no era tan sencillo. Necesitábamos una visa, una forma legal de permanecer en el país.

Fue entonces cuando surgió la idea de que mi esposa podía estudiar. Esto no solo sería una oportunidad para ella, sino también para nuestra familia. Con su visa de estudiante, nuestro hijo podría continuar su educación en Texas, y yo estaría amparado como su dependiente.

El camino fue difícil, pero logramos obtener las visas en el Consulado de Río de Janeiro. Cuando llegó el momento de renovarlas, viajamos a la Embajada Americana en México, donde ocurrió algo inesperado: una funcionaria, con empatía y comprensión, nos otorgó visas por cinco años. Fue un respiro, una luz en medio de tanta incertidumbre.

Ya en Houston, aunque yo no podía trabajar legalmente en el país, no me quedé de brazos cruzados. Encontré una oportunidad en una empresa sísmica en México, lo que me permitió generar ingresos mientras nuestra familia seguía estableciendo raíces en Estados Unidos.

Mientras tanto, mi hijo retomó su educación y mi esposa aprovechó el tiempo para cumplir su sueño postergado de estudiar en Houston Community College, donde obtuvo un título como fotógrafa profesional. Poco a poco estábamos construyendo algo más sólido. Aunque todavía nos enfrentábamos al problema de que nuestras visas no nos garantizaban una estabilidad a largo plazo.

Fue entonces cuando un viejo colega me habló sobre una posibilidad que jamás consideré y que se llamaba la National Interest Waiver, una visa especial para profesionales altamente capacitados cuyo trabajo beneficia a Estados Unidos.

Sin dudarlo, contacté a un bufete de abogados y comencé el proceso. Reuní cartas de recomendación, pruebas de mi trayectoria y toda la documentación que demostraba mi impacto en la industria petrolera. Exgerentes y compañeros de trabajo me apoyaron incondicionalmente, y, finalmente, mi solicitud fue aprobada. Nos otorgaron la visa de trabajo y, dos años después, la residencia permanente.

Hoy, nuestra historia es otra. Mi esposa y mi hijo ya son ciudadanos estadounidenses, y yo estoy a solo días de completar mi proceso de naturalización.

Lo que comenzó con un NO tras otro, terminó siendo el camino que nos llevó al SÍ definitivo. Aprendimos que cada negativa no es el final del camino, sino una oportunidad para insistir, para reinventarnos y para demostrar que la perseverancia es más fuerte que cualquier obstáculo.

A ti, que lees esta historia, quiero decirte algo: No dejes que los NOES te detengan. Si una puerta se cierra, busca otra. Si un camino se bloquea, traza uno nuevo. La vida premia a los valientes, a los que persisten y a los que creen en su destino.

Hoy, cuando miro atrás, veo cada NO como una bendición disfrazada, porque fueron esos obstáculos los que nos guiaron al lugar donde siempre debimos estar y además nos mostraron ese potencial que hay dentro de nosotros, ayudándonos a encontrar el camino para un final feliz.

Y tú, ¿qué harás con los NOES que la vida te ponga enfrente?

Decir NO al miedo cambia nuestra historia
Por Anónimo

Cuando era adolescente, soñaba con casarme con un extranjero. No tenía muy claro por qué, pero en mi corazón albergaba la confianza de que mi amor no se encontraba en mi tierra natal. *Europeo, no,* me decía a mí misma. *El alemán es muy difícil, el holandés también. El francés no me gusta... Creo que prefiero un americano. El inglés es más fácil, podré aprenderlo y nos entenderemos mejor.* Todo esto lo pensaba, haciendo referencia al idioma que tendría que aprender para comunicarme con ese amor que estaba esperando por mí.

La vida, siempre impredecible, me condujo sin que lo supiera hacia el cumplimiento de ese sueño juvenil.

Una amiga me propuso viajar a Holanda. No estaba en mis planes, pero la curiosidad y el deseo de explorar el mundo me impulsaron a aceptar. Nos aventuramos en ese país desconocido y, entre coincidencias y encuentros inesperados, conocimos a una familia que había vivido en Venezuela por el tema del petróleo. Sus hijos hablaban un español torpe pero suficiente para crear un puente entre culturas.

Fue así como conocí a James.

De inmediato se creó una conexión especial entre nosotros. No era amor a primera vista, pero sí una comodidad y complicidad difícil de ignorar. Él era amable, atento y tenía una sonrisa que transmitía confianza.

Mi amiga y yo planeábamos seguir nuestro viaje hasta París, pero el destino tenía otros planes. Ella enfermó, y aunque me insistió en que fuera sola, la idea me aterraba. Apenas era una joven que salía por primera vez de su país, y lanzarme a la ciudad del amor sin compañía era una hazaña que no me sentía capaz de afrontar.

Fue entonces cuando James, en un acto de caballerosidad que marcó mi corazón, me dijo:

—No te preocupes, yo debo viajar a París por trabajo. Si quieres, te acompaño y, si me queda tiempo, te mostraré algunos lugares de la ciudad.

No lo dudé.

Nos embarcamos juntos hacia París y, al llegar al hotel, James reservó dos habitaciones separadas. Aquel gesto, simple pero significativo, me impactó. Tenía todas las oportunidades para aprovechar la situación, pero en su lugar, me mostró un respeto y una nobleza que lo hicieron aún más especial para mí.

Después de compartir París juntos, de caminar por sus calles empedradas y admirar la belleza de la Torre Eiffel iluminada, algo dentro de mí cambió. No fue un amor que explotó de golpe, sino una llama que comenzó a encenderse poco a poco. Cuando regresamos a Holanda, nuestra amistad se transformó en algo más.

Fue entonces cuando James me dijo:

—¿Por qué no te quedas en Holanda? ¿Por qué no intentamos esto juntos?

Mi corazón latía acelerado, pero mis pensamientos volaban de regreso a Venezuela, a las palabras de mi padre que resonaban en mi mente:

«Si te vas, que sea con dignidad. Y si regresas, que sea casada».

Así que, con una mezcla de temor y emoción, le dije:

—Voy a intentarlo.

Pero la realidad fue muy distinta a la fantasía.

James fue trasladado a trabajar en un pequeño pueblo donde el tiempo parecía haberse detenido. La gente hablaba únicamente en holandés, y yo me sentía atrapada en una jaula invisible. Pasaba días enteros sola, sin nadie con quien hablar, sin televisión en un idioma que comprendiera, viendo cómo la tristeza se apoderaba de mí.

Una noche, cuando James regresó del trabajo, le confesé la verdad:

—No puedo seguir con esta vida. Estoy demasiado sola. Me siento atrapada. Creo que debo regresar a Venezuela.

Él me escuchó en silencio y, con una franqueza que me tomó por sorpresa, respondió:

—Si sientes que debes irte, hagamos las maletas. No quiero llegar un día y encontrarte en el suelo, sin vida.

Ese fue el momento. Ese fue el NO que cambió todo.

—¡NO! —solté de golpe, con una fuerza que ni yo misma esperaba.

Ese NO no era para él. Era para mí.

NO al miedo.

NO a la resignación.

NO a la idea de rendirme sin luchar.

Ese NO fue el punto de quiebre en el que entendí que quedarme o irme no dependía de nadie más que de mí.

Al día siguiente me inscribí en una academia de inglés. No sabía exactamente qué encontraría allí, pero era mi única salida. Fue el mejor paso que pude dar. Aprender el idioma me abrió puertas, me dio independencia y, poco a poco, hizo que mi vida en Holanda comenzara a tener sentido pues a través de la academia conocí gente que estaba en una situación similar a la mía y así hice amigos.

Sin embargo, después de un tiempo, sentí la necesidad de volver a casa, de reencontrarme con mi familia y mi tierra. Me despedí de James con un nudo en la garganta y le prometí que sería solo un mes.

Tal vez él pensó que no volvería.

Semanas después, recibí su llamada. Su voz sonaba nerviosa, emocionada.

—Quiero casarme contigo.

Mi corazón dio un vuelco.

—Sí —respondí sin dudarlo—. Sí, quiero.

Y así, el destino me demostró que, aunque el amor no siempre llega de la manera en que lo planeamos, cuando es verdadero, encuentra el camino. Para mí, la mejor lección es que cuando tus sueños nacen en el corazón, el universo entero trabaja para hacerlos realidad

Los NOES en nuestra vida no siempre significan rechazo o pérdida. A veces son la chispa que enciende nuestra determinación. Decir NO al miedo, NO a la resignación y NO a rendirse es lo que nos impulsa a cambiar nuestras historias.

Cómo convertir un NO en un SÍ y reiniciarlo todo
Por Mayela Zambrano

A lo largo de mi vida, he aprendido que el NO no es una muralla infranqueable, sino una brújula que, lejos de detenernos, nos orienta hacia un destino más auténtico. Cada NO que he encontrado en mi camino no ha sido una renuncia, sino una declaración de amor propio, una reafirmación de mis valores y un compromiso con mi propósito. He enfrentado muchos NOES durante mi vida entera. De niña, de adolescente, de adulta, y aún hoy, a mis sesenta y tres años, sigo encontrándolos. Pero hay algo que me he prometido siempre, y eso es transformar esos NO en SÍ.

He sido, sin duda, una promotora de resetear mentes, en especial la de mi esposo. A lo largo de nuestra vida juntos, sus NOES han sido constantes, pero yo nunca los vi como un punto final, sino como una invitación a explorar nuevas posibilidades.

La primera vez que experimenté esto de manera contundente fue cuando compramos nuestro primer carro. La decisión la tomé yo, unilateralmente, porque él no estaba en casa. Encontré una camioneta en perfectas condiciones y a un precio inmejorable. Cuando le conté, su respuesta fue tajante: «No. Si la compras, nos divorciamos».

No titubeé. «No me importa que nos divorciemos», le respondí con determinación, «por lo menos ya tendremos algo que repartir».

Aquel momento fue una revelación para mí. No se trataba de imponer mi voluntad, sino de ser firme en mis convicciones. Entendí que, para avanzar en la vida, ya fuera como pareja o económicamente, era necesario desafiar el miedo al rechazo y persistir con valentía.

Los NO no se detuvieron ahí. Poco después, cuando visitamos West Virginia de vacaciones, tuve una idea que me pareció extraordinaria. Le propuse comprar nuestra primera casa en Estados Unidos.

—¡Estás loca! —exclamó mi esposo—. No. ¿Cómo se te ocurre siquiera pensarlo?

—¿Y por qué no? —le contesté sonriente—. Vamos a buscar un *realtor* y averiguarlo.

En lugar de aceptar su negativa, planteé explorar las posibilidades. Contactamos a un agente inmobiliario, quien nos animó a presentar los documentos al banco para solicitar un crédito. Días después, nos dieron la aprobación. Habíamos comprado nuestra primera casa.

Desde entonces, esta historia se ha repetido en distintas formas. Cada vez que su NO ha intentado cerrar una puerta, mi insistencia ha encontrado una ventana abierta. No por capricho, sino porque he aprendido que muchas veces los NO nacen del miedo, de la incertidumbre o de la costumbre de no arriesgar.

Hoy, cuando miro a mi alrededor, veo nuestra hermosa casa en Estados Unidos, el hogar que construimos juntos. Un hogar que no existiría si hubiera aceptado aquel primer NO sin cuestionarlo.

Entiendo que la vida no siempre nos dará un SÍ inmediato. Pero también sé que cada NO encierra una oportunidad disfrazada, esperando a que alguien tenga la audacia de transformarlo. Y esa, sin duda, ha sido mi mayor fortaleza.

La evolución de mi propósito
Por Mary Claudia Andrade

Desde niña, la comunicación ha sido mi pasión. Me formé en Comunicación Social y he construido una carrera en los medios, entrevistando a emprendedores y figuras públicas. Creé mi propia agencia y un *podcast*, convencida del poder transformador de la palabra.

Cuando decidí incursionar en el mundo de las finanzas y los seguros de vida, muchas voces me dijeron que eso NO era para mí:

«Eso no es tu área, vas a perder tu esencia».

Pero en lugar de aceptar esos NOES, decidí explorar por mí misma. Lo que descubrí me reveló que mi propósito no cambió, evolucionó. Así como la comunicación empodera, también lo hace la educación financiera. Hoy, combino ambas disciplinas para ayudar a otros a construir estabilidad y proteger su futuro.

Si hubiera aceptado los NOES que otros me dieron, nunca hubiera descubierto este camino. Aprendí que el crecimiento surge cuando confiamos en nuestra intuición y nos atrevemos a desafiar los límites impuestos por los demás.

No permitas que el NO de otros se convierta en tu límite. Vive tu propia experiencia, desafía lo establecido y descubre hasta dónde puedes llegar. Solo quien se atreve a evolucionar encuentra su verdadero propósito.

Historias de fe y espiritualidad

El NO que alimentó el alma de los olvidados
Por Mayela Zambrano

En el año 2015, mi hermano Simón me envió un audio que cambiaría mi vida para siempre. En la grabación, la voz de un sacerdote llamado Franco Lanza clamaba por ayuda. Sus palabras eran un llamado desesperado. los ancianos del hogar El Carpintero de la Montaña estaban muriendo de hambre. Venezuela atravesaba una crisis profunda, la comida escaseaba, y aquellos que más la necesitaban estaban en el abandono absoluto.

Mi primera reacción fue un NO rotundo.

No podía aceptar que algo así estuviera pasando.

No podía quedarme de brazos cruzados.

No podía permitir que la vida de estos ancianos se consumiera en el olvido.

Ese mismo día, tenía mi clase de Biblia. Llegué con el corazón encogido y, al compartir la historia con mis compañeras, ocurrió algo maravilloso: su respuesta fue un SÍ inmediato. No hubo dudas, no hubo preguntas, solo acción. En la siguiente reunión, llegaron cargadas de amor, listas para llenar cajas con alimentos y enviarlas a Venezuela. Fue así como, sin buscarlo, iniciamos una obra de caridad que ha perdurado en el tiempo.

Desde entonces, cada vez que recurro a mis amigas, su apoyo ha sido inquebrantable. Ellas entendieron que un NO ante la injusticia puede ser el primer paso para hacer algo grande. Su generosidad y disposición han sostenido este proyecto, demostrando que la solidaridad puede nacer en los lugares más inesperados.

Esta historia es la prueba de que cuando el NO viene de un lugar de conciencia y compasión, se convierte en un motor de cambio. Un NO a la indiferencia, al abandono y a la desesperanza puede transformar vidas, no solo de quienes reciben ayuda, sino también de quienes la brindan.

Muchas veces creemos que lo que podemos dar es muy poco, que nuestra contribución individual no hará la diferencia. Pero lo que muchos no saben es que cada pequeño gesto, cuando se une al de otros, se convierte en una corriente imparable de amor y esperanza.

Además, quien da también recibe. No obtiene algo material a cambio, sino algo mucho más grande, el reconocimiento de la grandeza de su propio corazón. Porque dar no es solo entregar algo tangible; es abrir el alma, es descubrir la plenitud que se siente al saber que con un simple acto puedes cambiar el día, la vida o el destino de alguien más.

Dar es, muchas veces, más grande que recibir. Y es en ese dar donde encontramos propósito, donde nos damos cuenta de que no estamos aquí solo para recibir amor, sino también para multiplicarlo.

Muchas veces, creemos que un NO es el fin de una historia, pero en realidad puede ser el comienzo de algo extraordinario.

¿Aceptarías un NO por respuesta cuando se trata de ayudar a quienes más lo necesitan?

Un NO que impactó mi vida
Por Simón Zambrano

Me gradué como contador y ejercí mi profesión durante muchos años, hasta que llegó el momento de mi jubilación. Sin embargo, mi pasión por el servicio siempre ha sido una parte esencial de mi vida. Encontré en mi carro una herramienta no solo para mantenerme activo, sino también para ayudar a otros. Así, me convertí en taxista, un oficio que me permite seguir adelante, brindar un servicio valioso y conectar con personas cada día. Lo que inició como una forma de sustento se transformó en una oportunidad de apoyo y encuentro con los demás.

Hace unos meses un sacerdote desde Bogotá me contactó con una petición especial. Me explicó que necesitaba trasladar a un joven en silla de ruedas desde el Puente Simón Bolívar hasta el aeropuerto de San Antonio. Sin dudarlo, acepté. Cuando llegué, descubrí que el muchacho estaba en condiciones muy delicadas. Llevaba consigo una bolsa de colostomía y evidentes signos de abandono y sufrimiento.

El padre prometió pagarme un extra por el esfuerzo, pero en aquel momento, lo que más importaba era ayudar. Llovía torrencialmente y el frío era intenso. Logré subirlo a la silla de ruedas y llevarlo al mostrador de la aerolínea para su chequeo. Ahí, la gerente de la aerolínea me dijo NO, que él no podía embarcarse en el avión si no tenía un acompañante. Llamé a su tío en Estados Unidos, quien me suplicó que no lo dejara solo. Me contó la historia del muchacho, relatándome que fue baleado en la zona de la columna, lo cual le hizo perder la movilidad, y que encima su esposa lo había abandonado. Su situación era desgarradora.

El vuelo estaba retrasado, la lluvia seguía cayendo, y el muchacho comenzó a botar un líquido por entre sus piernas. Conseguimos llevarlo a la enfermería para estabilizarlo. A pesar de la negativa de la aerolínea, insistí sin descanso. Hablé con una persona, luego con otra, hasta que finalmente la gerente cedió. Me tocó el hombro y dijo: «Conseguí la solución». Un joven pasajero de veintidós años se ofreció a acompañarlo hasta Maiquetía, donde su hermana lo esperaba.

A las cinco de la tarde, tras horas de incertidumbre y negociaciones, el vuelo llegó. El muchacho embarcó de último, con los ojos llenos de gratitud. Antes de partir, nos abrazamos y lloramos juntos. Él sabía que ese NO que me habían dado podía haber significado el fin de su viaje, pero mi determinación lo llevó a su destino.

Seis meses después, su hermana me llamó para decirme que el joven había fallecido. Su historia, su gratitud y su valentía quedaron grabadas en mi corazón. A veces, el mayor acto de humanidad es negarnos a aceptar un NO cuando la vida de alguien más está en juego.

Integridad ante la tentación
Por John Troya

Como hombre cristiano, siempre he creído en la importancia de la verdad y la integridad, valores que han guiado cada uno de mis pasos.

Hace algunos años, mi esposa y yo, llenos de amor y esperanza, formamos una familia con tres hijos maravillosos. Uno de nuestros mayores anhelos era tener una casa propia, un lugar donde nuestros hijos pudieran crecer seguros y felices. Trabajábamos arduamente, destinando parte de nuestros ingresos para ahorrar y acercarnos a ese sueño, todo mientras enfrentábamos las responsabilidades diarias y asegurábamos una educación digna para nuestros pequeños.

Un día, como si el destino nos sonriera, se presentó la oportunidad de adquirir un apartamento en una urbanización destinada a la clase media. Gracias a nuestras profesiones, calificábamos para el proyecto. La alegría de recibir las llaves de nuestro hogar fue indescriptible; finalmente, nuestro sueño se hacía realidad.

Sin embargo, la vida nos puso a prueba. La situación política y económica del país se deterioró, los salarios disminuyeron y las deudas aumentaron. Nos vimos en la dolorosa necesidad de entregar nuestro apartamento, ya que no podíamos seguir afrontando los pagos.

Afortunadamente, mis suegros nos abrieron las puertas de su espaciosa casa. Aunque ya no estábamos en nuestra propiedad, vivíamos cómodamente, mucho mejor que muchas otras familias que lo habían perdido todo debido a desastres naturales o crisis económicas.

En medio de esta etapa, una amiga que trabajaba en la gobernación me dijo, como solución, que podía acceder a una de las casas destinadas a damnificados, fingiendo ser uno de ellos. La tentación de recuperar una vivienda propia era grande, y por un momento consideré aceptar.

Mientras me preparaba para la reunión donde debía presentar mi solicitud, un versículo de la Biblia vino a mi mente: Santiago 1:12, que habla sobre soportar la tentación y la prueba. Sentí que Dios me estaba hablando, recordándome la importancia de la honestidad.

Durante la reunión le agradecí a mi amiga por su intención de ayudarme, pero le expliqué que no podía mentir para obtener la casa. No podía quitarle la oportunidad a alguien que realmente lo necesitaba. Al expresar esto, sentí una paz profunda, sabiendo que había actuado conforme a mis principios y a la voluntad de Dios.

Con el tiempo, la vida nos recompensó. Mis suegros, en un acto de amor y generosidad, nos heredaron su casa en vida, con el consentimiento de toda la familia. Nuestro sueño de tener un hogar propio se hizo realidad, y comprendí que la fidelidad a Dios y a nuestros valores siempre trae consigo bendiciones.

      Esta experiencia me enseñó que, aunque las pruebas sean difíciles y las tentaciones fuertes, mantenernos firmes en nuestros principios y confiar en Dios nos guiará hacia el cumplimiento de nuestros sueños de manera justa y honesta.

Renunciar a la Eucaristía para vivir una comunión mayor
Por Anónimo

He sido religiosa por más de cincuenta años y he consagrado mi vida entera a mi Señor Jesús, entregándome plenamente al servicio y al amor por los demás. Desde mi juventud, he sentido una profunda necesidad de estar más cerca de Él, de vivir en comunión con Su presencia. En este caminar, la Eucaristía se ha convertido en el eje de mi existencia, en mi refugio, sostén y alimento espiritual, el espacio sagrado donde encuentro la fuerza y la gracia para seguir adelante. Es la comunión diaria el alimento que sostiene mi espíritu, más aún que el pan que sostiene mi cuerpo. Sin embargo, un día, la vida me pidió un sacrificio inesperado, un NO que nunca imaginé tener que aceptar.

Era el tiempo de la pandemia, una época de miedo y aislamiento, donde el aire mismo parecía cargado de incertidumbre. Desde hacía meses sentía en mi corazón un llamado profundo a visitar a mi familia en mi país. Algo dentro de mí me urgía a estar con ellos, aunque no comprendía bien por qué. Mis hermanas y sobrinos, en cambio, insistían en que no fuera. Me amaban demasiado como para arriesgar mi vida o la suya, pues el virus acechaba en cada rincón.

Pero insistí. Insistí con la seguridad de quien siente un propósito más grande. Finalmente, accedieron. Viajé para encontrarme con ellos con el corazón rebosante de alegría, sintiéndome resguardada por la mano de Dios.

Una vez en casa, se presentó un dilema inesperado. Para mí, la comunión diaria no es solo un rito, es un encuentro real y tangible con Cristo. Sin embargo, mi familia me prohibió asistir a la iglesia. «No puedes arriesgarte, me decían con angustia». «Si te contagias, nos contagiarás a todos».

¿Cómo podía renunciar a lo que me sostenía espiritualmente? ¿Cómo negar la voz de mi fe, que me llamaba con fuerza a recibir a Cristo en la hostia consagrada?

Una mañana, sentí un impulso irrefrenable. Salí de casa, caminé hasta la iglesia y, con el alma anhelante, recibí la comunión. Al sentir a Jesús en la hostia consagrada, una paz infinita me envolvió. Allí estaba mi Señor, sanando, liberando, fortaleciendo mi espíritu.

Pero esa paz se esfumó al regresar a casa. Cuando mi familia se enteró, el miedo y la indignación se apoderaron de ellos. Sus rostros reflejaban angustia y reproche. «¿Cómo pudiste hacer esto? ¿Cómo arriesgaste tu vida y la nuestra?».

Esa noche, en la soledad de mi habitación, recé con fervor. No pedí perdón, porque en mi corazón sabía que había actuado desde el amor y la fe. Pero sí pedí claridad. Y en ese silencio sagrado, sentí la voz de Dios susurrar en mi interior:

"Hija mía, Yo estoy contigo en cada latido de tu corazón. No necesitas un altar para encontrarme o tomar la Eucaristía para saber que te sostengo. Ahora tu sacrificio es otro: no vayas más. Entrégame tu amor en cada acto, en cada mirada, en cada palabra. Haz de tu vida una comunión perpetua".

Entonces entendí que, a veces, la fe no se demuestra aferrándose a un ritual, sino renunciando a él por amor a los demás. La comunión, que había sido el alimento diario de mi alma, el eje de mi vida, ahora me pedía una entrega demostrada en un sacrificio silencioso, una comunión vivida en cada acto de amor y servicio.

Decir NO a la Eucaristía fue una prueba que jamás imaginé afrontar. Me dolió en lo más profundo, como si me arrancaran parte del corazón. Pero en esa renuncia descubrí una verdad mayor: Cristo no solo se manifiesta en el altar, sino también en el sacrificio silencioso, en el amor que protege, en la entrega que cede por el bien del otro.

Comprendí que, aunque mis labios no recibieran la hostia consagrada, mi vida entera podía convertirse en una Eucaristía viviente, en una ofrenda diaria donde cada palabra, cada mirada, cada gesto de amor fueran una comunión perpetua con Él. Y en ese NO inesperado, aprendí que la fe no siempre se mide por lo que hacemos, sino por lo que estamos dispuestos a dejar de hacer por amor.

Historias de familia y amor incondicional

El poder del NO rotundo
Por Anónimo

Hay decisiones en la vida que no admiten titubeos. Son decisiones que deben tomarse con firmeza, sin sombras de duda, porque de ellas depende el futuro de quienes más amamos.

Recuerdo con claridad el día en que escuché sobre el "NO rotundo" en una reunión del Opus Dei. Aquella enseñanza, que parecía tan simple en palabras, marcó mi vida y mi manera de criar a mis hijos. No todos los NO son iguales. Algunos pueden ser negociables, pero otros, aquellos que protegen los valores y la integridad, deben ser inquebrantables.

Cuando me convertí en madre, supe que esta lección sería el pilar fundamental de mi hogar. Crie a tres hijos con la certeza de que sabrían distinguir entre un no flexible y un NO que era absoluto. No había negociación posible cuando se trataba de su seguridad, sus valores y su dignidad.

Cuando emigramos a los Estados Unidos, sabíamos que la sociedad en la que crecerían estaría llena de tentaciones, de influencias externas que podrían desviar su camino. La presión de grupo en la adolescencia puede ser abrumadora, especialmente cuando se trata del uso de drogas, o decisiones que pueden cambiar una vida en un instante. Pero en casa, mis hijos habían aprendido a decir NO con convicción. No por miedo, sino por principios.

Hoy, al verlos convertidos en adultos honorables, íntegros, sin manchas en su historial, con valores inquebrantables, siento una profunda gratitud. No solo porque lograron mantenerse firmes ante las adversidades, sino porque ese NO rotundo los protegió de caminos oscuros. Uno de ellos ya espera a su primer hijo, y sé que transmitirá esa misma enseñanza a su hogar.

- El NO rotundo es un escudo, no una cárcel. No es una prohibición arbitraria, sino una barrera de protección contra lo que puede dañar la esencia de una persona.
- Los valores no se negocian. Hay muchas cosas en la vida con margen de negociación, pero la integridad, la dignidad y la moral no están en esa lista.
- La firmeza de hoy es la seguridad del mañana. Criar con principios sólidos no es fácil, pero es una inversión que da frutos a lo largo de la vida.
- El mundo no suaviza sus golpes, pero un NO rotundo puede evitar cicatrices. Enseñar a nuestros hijos a ser firmes les da la fortaleza para resistir las tormentas que inevitablemente enfrentarán.

Hoy te invito a reflexionar: ¿Cuáles son tus NO rotundos? ¿Estás dispuesto a sostenerlos incluso cuando el mundo presione para que cedas? Porque ese NO que parece duro hoy, puede ser la diferencia entre una vida íntegra y una llena de arrepentimientos.

El poder del NO rotundo no está en la imposición, sino en la convicción. Es la fuerza que moldea destinos. Y cuando se usa con amor, transforma vidas.

El SÍ que nació de un NO
Por Aleyda Molina

Cuando la oportunidad de tener mi propio hogar se presentó ante mí, la tomé con ilusión y determinación. Junto a colegas y amigos, nos unimos a una asociación que prometía convertir en realidad el sueño de una vivienda propia. Cada mes, con disciplina, realicé mis pagos, alimentando la esperanza de ver un día aquellas paredes y aquel techo que llamaríamos hogar.

Pero el tiempo comenzó a alargarse, las promesas se volvían inciertas, y uno a uno mis compañeros decidieron abandonar el camino. Me insistían en que hiciera lo mismo, que no tenía sentido seguir invirtiendo en algo que se desmoronaba como un castillo de arena. «Vas a perder todo», me decían.

Sin embargo, algo en mi interior se rehusaba a rendirse. A pesar de la incertidumbre, de los rumores de estafa, de la desesperanza que consumía a muchos, me aferré a la fe. No podía aceptar que todo aquel esfuerzo fuera en vano. Dios me daría una salida, pensé.

Y entonces, el fraude se hizo evidente. La angustia se apoderó de todos los involucrados, el desasosiego reinó en cada conversación, en cada mirada. Pero en lugar de resignarme, encontré en mí la fuerza para unirme a aquellos que decidieron luchar. Organizamos un frente contra la injusticia, enfrentamos trabas burocráticas, amenazas y obstáculos, pero no nos rendimos.

Después de una larga batalla, logramos lo impensable y tomamos nuestras casas, aunque estuvieran inconclusas. Todavía hoy seguimos esperando el reconocimiento legal de nuestra propiedad, enfrentando los laberintos de un sistema que nos niega lo que es nuestro por derecho. Pero el camino recorrido me ha dejado una lección imborrable: Cuando todo parece perdido, cuando todos se rinden, el esfuerzo personal, la fe y la esperanza pueden transformar el destino.

A veces decir NO a la rendición es el primer paso para decir SÍ a los milagros.

Esto nos revela que, en los momentos más oscuros, nuestro NO más firme (a la resignación, al miedo, al fracaso) puede ser la semilla de milagros inesperados. Como protagonista de mi historia, no solo me negué a rendirme, sino que convertí mi resistencia en un acto de fe colectiva. La enseñanza crucial es que la esperanza no es pasiva, es una lucha activa. Cuando todo parece derrumbarse, nuestra tenacidad se convierte en el cimiento de nuevas posibilidades. Incluso en la injusticia, la unión y la perseverancia puede construir algo tangible, aunque sea imperfecto. La verdadera victoria no está en el resultado final, sino en descubrir que, al resistir, ya hemos ganado la batalla más importante, la de no permitir que el desánimo nos robe la dignidad. Mi historia no es únicamente acerca de viviendas, sino de cómo los sueños se defienden con las manos y el corazón. Y que en muchas ocasiones el hogar que anhelamos no es un lugar, sino la certeza de que, incluso en ruinas, somos capaces de reconstruirnos.

El NO que se convirtió en un amor eterno
Por Simón Sánchez

La primera vez que le dije a Adriana que quería que fuera mi novia, me dijo que NO. Teníamos quince años, y por inmadurez y miedo, le llamé por teléfono y le confesé mis sentimientos a través de una llamada telefónica. Su respuesta fue un tajante NO. A pesar de la negativa, seguimos hablando por más de una hora, y aunque rechazó la idea de ser mi novia, me dijo que lo hacía porque entre nosotros había una amistad muy bonita y que no quería perderla. Así que nuestra amistad continuó.

Pasaron los años. Ella tuvo varios novios, yo también. Pero Adriana siempre estuvo en mi corazón. No era una obsesión, sino una convicción. Yo sabía que ella era la persona con la que quería compartir mi vida. Un día me pregunté qué debería hacer para conquistarla y que se convirtiera en mi pareja. Entonces me dediqué a conocerla a fondo, a comprender qué le gustaba, qué la hacía feliz. No quería fingir ser alguien que no era, sino mostrarle que mi amor era genuino. Quería hacer las cosas como a ella le gustaban, no como a mí me gustaban. Compartimos viajes, momentos en familia, conversaciones profundas. Así comenzamos de nuevo después de años, nos volvimos inseparables.

Dos años después, decidí intentarlo una vez más. «Adriana, creo que esto puede ser mucho más bonito de lo que es ahora», le dije. Ella me miró con honestidad y, aunque admitió su miedo de perder nuestra amistad, también aceptó que valía la pena intentarlo. Y así, con fe y amor, comenzamos nuestra historia juntos.

Cuatro años de noviazgo después, nos casamos. Hoy, tras más de treinta y más años de matrimonio, y dos hijos maravillosos, fruto de nuestro amor eterno, puedo decir con seguridad que el amor, cuando es verdadero, encuentra el camino. La clave está en la paciencia, en la perseverancia y en la fe.

Si estás seguro de algo, insiste. Pero insiste con pasión, con respeto y con amor desde adentro, desde lo más profundo de ti. Porque todo se logra cuando hay fe en Dios y amor en el corazón

Las palabras pesan más que las piedras preciosas
Por Mayela Zambrano

Cuando mi esposo y yo cumplimos veinticinco años de casados, estábamos llenos de ilusión. Planeábamos renovar nuestros votos en una gran celebración con familia y amigos, tomar muchas fotos y crear recuerdos que nos acompañaran por siempre. Queríamos que fuera un renacer de nuestro amor, un nuevo comienzo dentro de nuestra historia juntos.

Como símbolo de ese momento especial, mi esposo me llevó a una joyería. Su intención era regalarme un anillo de diamantes, un gesto de amor y compromiso que él mismo propuso sin que yo lo pidiera. Después de recorrer vitrinas y probar distintas opciones, encontramos el anillo perfecto, uno que tenía dos diamantes brillantes que nos representaban a ambos, como reflejos de nuestra unión.

Salimos de la joyería con la emoción palpitando en el pecho, imaginando el día en que aquel anillo adornaría mi mano como testimonio de nuestra promesa renovada. Sin embargo, días después, la ilusión se desmoronó. Mi esposo, con una mezcla de incomodidad y vacilación, me dijo que no podía comprármelo. Que era demasiado caro.

Que el dinero no alcanzaba. Que quizás más adelante. Que tal vez otra opción...

Su decisión me hirió profundamente, pero no por el anillo en sí. Hasta ese momento, había vivido sin él y no me hacía falta. Lo que realmente me dolió fue su falta de palabra. Fue él quien me ofreció ese regalo, quien despertó en mí la emoción de recibirlo. Y ahora, simplemente, lo descartaba como si nada.

No podía aceptar un NO sin más. No por capricho, sino porque entendía que esto significaba una promesa rota, una ilusión pisoteada, un compromiso que se desvanecía.

Lo enfrenté. Le hablé con firmeza sobre la importancia de la palabra dada, sobre cómo su decisión no solo me afectaba a mí, sino a nuestra relación, a la confianza entre nosotros. Le recordé que no era el anillo lo que me dolía, sino la manera en que jugó con la ilusión que él mismo sembró en mi corazón.

Insistí. Fui como una leona defendiendo su territorio, no con ira, sino con convicción. Porque sabía que algunas batallas no son por objetos materiales, sino por valores más profundos, como el respeto, la confianza, la coherencia entre lo que se dice y lo que se hace.

Mi esposo finalmente lo entendió. Se dio cuenta del error, de lo que había significado su cambio de opinión para mí. Me pidió disculpas, no solo con palabras, sino con hechos. Y así, el anillo que una vez fue negado, terminó brillando en mi mano como un recordatorio no de una victoria, sino de una lección.

Es importante entender que esta historia no es sobre un anillo, ni sobre la insistencia en obtener algo material. Es sobre el valor de la palabra, sobre la importancia de honrar los compromisos, por pequeños que parezcan. Cuando prometemos algo, creamos una expectativa, una esperanza en el otro. Y cuando rompemos esa promesa, no solo destruimos la ilusión, sino que debilitamos la confianza.

Defender lo que es justo, expresar nuestros sentimientos con claridad y hacer que los demás comprendan el impacto de sus acciones es un acto de amor propio y de respeto hacia nuestras relaciones. No siempre se trata de pelear por lo prometido, sino de luchar por lo que representa.

En la vida, hay momentos en los que aceptar un NO sin explicación puede ser una forma de resignación. Pero cuando el NO contradice un compromiso, cuando significa una falta de respeto o de coherencia, entonces debemos aprender a levantar la voz. No con enojo, sino con determinación. No con imposición, sino con claridad.

Porque el amor verdadero no es solo sentimientos y promesas, sino también responsabilidad y acciones que lo respalden.

El poder de un NO a tiempo
Por Teresa Chacón

A veces, la vida nos enfrenta a situaciones en las que decir NO se convierte en una prueba de amor, paciencia y resiliencia. Nos gustaría que nuestros seres queridos entendieran nuestras razones desde el primer momento, pero la realidad es que cada uno tiene su propio proceso para descubrir la verdad. Y es ahí donde surge la gran lección: no siempre aceptar un NO por respuesta no significa rebeldía, sino una oportunidad de aprendizaje y crecimiento.

Recuerdo claramente el día en que descubrí que mi hija adolescente tenía un noviazgo con un hombre que, aunque no era mala persona y era trabajador, le doblaba la edad. La noticia me golpeó con una mezcla de emociones intensas. Sentía rabia, dolor, desesperación. Mi instinto maternal me gritaba que esa relación no era adecuada para ella. Con el corazón ardiendo y la mente llena de preocupación, le dije con firmeza:

—Esta no es la persona indicada para ti. Esto no puede continuar.

Pero su respuesta fue un balde de agua fría:
—Pues no. Si no lo aceptan, igual seguiré con él.

En ese momento entendí que imponer mi voluntad solo generaría más distancia entre nosotras. Fue un instante de reflexión profunda. Aceptar la realidad no significaba resignarme ni estar de acuerdo con la situación, sino encontrar la manera de manejarla sin que el dolor, el estrés o el miedo nos desgarraran.

Opté por establecer límites y normas claras, confiando en que la vida misma se encargaría de enseñarle lo que mis palabras no podían. Y así fue. Con el tiempo, mi hija comenzó a notar la distancia entre ellos, las diferencias que antes no veía o no quería ver. Finalmente, llegó a la conclusión de que yo tenía razón y terminó la relación. No porque yo se lo impusiera, sino porque ella misma descubrió la verdad.

Hoy, al recordarlo, me queda la confianza de que algunas lecciones solo pueden ser aprendidas a través de la experiencia. No siempre podemos evitar que nuestros hijos tropiecen, pero sí podemos estar ahí para ayudarlos a levantarse.

Mi hija, ahora felizmente casada y madre de dos hermosos hijos —mis adorados nietos—, sabe que aquella experiencia fue un aprendizaje invaluable. Y yo aprendí que, aunque duela, a veces lo mejor que podemos hacer es permitir que la vida fluya, confiando en que, tarde o temprano, todos llegamos a ver con claridad lo que en su momento parecía invisible.

Aceptar lo que no podemos cambiar no significa rendirse, sino encontrar paz en medio del proceso. Saber cuándo insistir y cuándo permitir que el tiempo haga su trabajo es una lección de amor y sabiduría.

Mapa de un corazón dividido
Por Yaneth Gil

En la bruma de mis primeros años, cuando la conciencia aún no tejía recuerdos nítidos, la vida me enseñó su primera lección sobre el desgarro y la resiliencia. Mi madre, víctima de un vendaval de enfermedad, obligó a mi padre a dispersar a sus hijos como semillas al viento. A mí me arrastró el destino hacia el refugio de mis nonitos y tías paternas, donde el amor era dulce y los días se mecían entre canciones antiguas y manos arrugadas que acariciaban mi inocencia. Allí, en ese edén de raíces familiares, no existían las sombras de una infancia fracturada, solo el consuelo de un hogar prestado.

El reencuentro, años después, fue un mosaico de emociones contradictorias. Mi madre, ya estable, y mi padre, con miradas cargadas de culpa y esperanza, nos reunieron bajo un mismo techo. Pero yo, ajena a los rostros que decían ser padres y hermanos, sentí el peso de un duelo silencioso. ¿Cómo explicar que el corazón late más fuerte por quienes te criaron que por quienes te dieron la vida? Cada NO de mis padres —negándome regresar a los brazos de mis nonitos, prohibiéndome huir hacia el aroma a canela de la casa de mis tías— era un eco que resonaba en mi pecho como un golpe de tambor. La tristeza era un río subterráneo, y la adaptación, una montaña escarpada.

Sin embargo, en medio de aquel desierto emocional, brotó un oasis en la persona de mi tía, mensajera de amor entre dos mundos. Sus visitas frecuentes trenzaron puentes entre el ayer y el hoy, recordándome que el cariño no entiende de distancias ni de custodias. A través de su ternura, comprendí que mis padres, con sus imperfecciones y sus NOES rotundos, también luchaban por tejer un nido con los hilos rotos de nuestro pasado.

Las familias no siempre se eligen, pero el amor siempre se construye. En cada NO hay un SÍ escondido. El SÍ al esfuerzo, al perdón, a la paciencia. Las raíces no son solo las que nos vieron nacer, sino también las que nos sostienen al caer. Aprendemos a honrar los lazos que nos duelen y a celebrar los que nos sanan, porque en la fragilidad de nuestros comienzos reside la semilla de nuestra fortaleza. Que nadie subestime el poder de un abrazo oportuno, de una visita inesperada, de un «te entiendo» susurrado al oído. Ahí, en esos gestos pequeños, se esconde la grandeza de lo humano.

Del NO de mi padre a mi destino
Por Mayela Zambrano

A los quince años no tenía ni voz ni voto para decidir sobre mi futuro, especialmente en los años 1970, cuando la autoridad del padre en el hogar era incuestionable. Llegó el momento de elegir mi camino académico. Tenía para escoger entre ciencias, humanidades o una carrera técnica. Yo soñaba con ser médico. Esa pasión había nacido de la influencia de una amiga, cuya madre era enfermera. Me imaginaba junto a ella, trabajando en un hospital, y hasta mis regalos de Navidad reforzaban mi anhelo, ya que se trataba de muñecas vestidas con batas blancas y pequeños instrumentos médicos.

El día de la decisión, mi padre me miró y preguntó:

—¿Qué vas a estudiar?

Sin dudarlo, respondí con determinación:

—Quiero ser médico.

Su respuesta fue un golpe inesperado:

—No puedes. No tengo dinero para enviarte a Mérida a estudiar medicina. Tendrás que quedarte en La Grita y graduarte de maestra en el Colegio Santa Rosa. Es la única opción por ahora. Quizá después, con tu propio esfuerzo, puedas pagar tu carrera.

Sentí cómo el suelo se abría bajo mis pies. Mi sueño se desmoronaba en un instante. Pero, en medio de mi desconcierto, encontré claridad. Ser maestra no era algo malo. Después de todo, todos los profesionales pasan por las manos de un maestro. Así que acepté ese NO con humildad, comprendiendo que mi padre no quería frenarme, sino que estaba dándome lo mejor que podía ofrecerme en ese momento.

Lo que no imaginé fue que esa decisión cambiaría mi vida para bien. Me convertí en maestra por vocación y tuve el privilegio de formar a muchas almas, dejando mi huella en cada una de ellas. Y aunque nunca estudié medicina de manera formal, mi sueño nunca murió del todo. En mi familia, soy la "doctora" a la que acuden en momentos de enfermedad. Diagnostico, recomiendo tratamientos y cuido de los míos con la misma entrega con la que hubiera tratado a mis pacientes en un hospital.

A veces, un NO puede parecer una puerta cerrada, un obstáculo insalvable. Pero si aprendemos a verlo desde otra perspectiva, puede convertirse en la oportunidad que nos lleve a descubrir talentos ocultos y caminos inesperados. La vida no siempre nos da lo que queremos, pero siempre nos ofrece lo que necesitamos para crecer y cumplir nuestro propósito de formas que jamás imaginamos.

Cuando la vida te diga NO, no lo tomes como un final, sino como una invitación a reinventarte.

El NO que me desestresó
Por Raúl Rivera

Durante mucho tiempo, mi hermano tenía la costumbre de pedirme prestado el auto para hacer sus diligencias. Al principio, todo marchaba bien ya que él respetaba los horarios y me lo devolvía a tiempo. Pero poco a poco la situación comenzó a cambiar. Las demoras se hicieron frecuentes, los pretextos más elaborados, y mi paciencia... cada vez más corta, el estrés hacía de las suyas en mí.

Una y otra vez me encontraba en la misma situación, la de esperar por mi propio auto, sin poder cumplir mis propios compromisos porque él no lo traía cuando debía. Pero en lugar de enfrentar el problema, lo guardaba en silencio. Me decía a mí mismo que era mi hermano, que tocaba ayudarlo, que no era para tanto. Sin embargo, cada vez que lo veía llegar tarde, con una sonrisa despreocupada y sin el menor rastro de remordimiento, algo dentro de mí hervía.

Hasta que un día me di cuenta de que el problema no era él. Era yo.

Yo era quien permitía que esto ocurriera. Yo era quien, por miedo a un conflicto, seguía cediendo. Yo era quien, en mi afán de ser un "buen hermano", terminaba sintiéndome frustrado e irrespetado. Y en ese momento tomé una decisión fuerte. La próxima vez la respuesta sería un NO.

Cuando llegó el día, mi hermano vino con la misma confianza de siempre a pedirme las llaves. Respiré hondo, miré sus ojos sorprendidos y le dije con firmeza: «NO. Esta vez no puedo prestártelo». Su reacción no me sorprendió. Se molestó. Me miró con incredulidad y, con un tono de reproche, dijo: «Para eso están los hermanos, para ayudarse».

Por un tiempo, nuestra relación se enfrió. Yo tenía sentimientos encontrados. Por un lado, me sentía aliviado, libre, dueño nuevamente de mis tiempos y decisiones. Pero, por otro, me pesaba el distanciamiento. Me preguntaba si fui demasiado duro, si tal vez había podido manejarlo de otra manera.

Pasaron semanas. Y entonces ocurrió algo inesperado. Mi hermano, sin otra opción, tuvo que buscar una solución por su cuenta. Solicitó un préstamo, ajustó sus gastos y se compró su propio auto.

Tiempo después, cuando la tensión entre nosotros se disipó, me confesó algo que jamás olvidaré: «Si no hubieras dicho que NO, probablemente aún seguiría sin auto».

Ese día entendí algo poderoso. A veces, la mejor manera de ayudar a alguien no es dándole lo que pide, sino permitiéndole encontrar la manera de conseguirlo por sí mismo.

El NO que definió mi vida
Por Gloria Duque

Desde pequeña supe que quería ser maestra. Recuerdo jugar con mis muñecas, acomodarlas en fila y enseñarles con un pequeño pizarrón de cartón. Mi sueño era pararme frente a una clase real, inspirar a otros, ayudar a los niños a descubrir el mundo a través del aprendizaje. Di mi primer paso cuando me gradué como maestra en el colegio de mi ciudad

Siempre había soñado con continuar mis estudios universitarios, obtener una licenciatura en Educación. Mi sueño era ir más allá de ser maestra. Además, soñaba con construir un hogar perfecto para mi familia. Pero cuando llegó mi primer hijo, todo cambió.

Los niños necesitan a su madre en casa, me repetía.

Cada vez que pensaba en volver a estudiar, una voz interna me recordaba que una buena madre no abandona a sus hijos por un sueño personal. Así que mi respuesta a la universidad fue un rotundo NO.

Los años pasaron. Mis hijos crecieron, fueron a la escuela, luego a la universidad. Un día, mientras ayudaba a mi hijo menor a empacar para mudarse a otra ciudad, él me preguntó:

—Mamá, ¿por qué nunca continuaste tus estudios, por qué no fuiste a la universidad?

Yo sonreí, como solía hacer cuando alguien mencionaba ese tema.

—Porque ustedes eran mi prioridad —respondí.

Mi hijo frunció el ceño.

—Pero mamá, muchas mujeres estudian y cuidan a sus hijos. ¿Nunca quisiste intentarlo?

Por primera vez en años, sentí un vacío en el pecho. ¿Por qué nunca lo intenté? ¿Realmente fue por mis hijos, o porque tenía miedo de fracasar?

Esa noche, miré mi reflejo en el espejo y me di cuenta de que el NO que había dicho hace años no fue solo a la universidad, sino a mí misma. Dije NO a mi propio crecimiento, a mi propia felicidad. Y ese NO me definió.

Entonces, con sesenta y cinco años, me pregunté si sería demasiado tarde para intentarlo.

Al día siguiente, con mis manos temblorosas, busque en el Internet universidades que aceptaran estudiantes adultos. Mi corazón latía con fuerza. Esta vez mi respuesta sería diferente.

Pero cuando estuve a punto de inscribirme, una nueva duda me invadió.

Soy muy mayor... ya no tiene sentido.

Y así, una vez más, el NO triunfó.

El NO a mí misma.

Este relato muestra cómo un NO puede definir una vida, no solo en el momento en que se dice, sino en el impacto a largo plazo. Muchas veces creemos que renunciar a nuestros sueños es un acto de amor o sacrificio, pero en realidad, puede ser una renuncia a nuestra esencia. Y lo más duro es que esos NOES también pueden influir en las siguientes generaciones, enseñándoles a posponer o abandonar lo que realmente desean.

Este relato es una reflexión sobre cómo algunas decisiones en la vida están influenciadas por creencias limitantes, miedos o paradigmas culturales. En este caso, yo decidí no seguir mi sueño universitario porque pensé que debía dedicarme exclusivamente a mis hijos. Sin embargo, con otra perspectiva, podría haber encontrado un equilibrio entre ambas cosas. Mi NO inicial a la universidad no solo cambió mi vida, sino que también puede haber tenido un impacto en la forma en que mis hijos vieron las oportunidades y el sacrificio.

Este tipo de historia resuena con muchas personas porque nos enfrentamos constantemente a decisiones donde el miedo, la comodidad o la idea de que solo hay un camino correcto nos limitan. En este caso, mi NO fue un símbolo de renuncia y sacrificio, pero ¿qué pasaría si analizamos ese NO como una oportunidad perdida? ¿Qué efecto tuvo en mí y en los que me rodean?

Las ruedas de mi determinación
Por Coromoto Zambrano

En el año 2001 un sueño se ancló en mi corazón y se convirtió en una obsesión en mi mente. No era un sueño grandioso para algunos, pero para mí representaba libertad, independencia y la prueba de que podía conquistar lo que me propusiera. Quería comprar un carro.

El reto era doble. Primero, no sabía manejar. Segundo, no tenía dinero para comprarlo. Pero la falta de recursos nunca ha sido motivo para abandonar un sueño, sino un impulso para hacerlo realidad.

Lo hablé, lo expresé, lo manifesté. Lanzarlo al universo fue el primer paso, y la respuesta llegó rápidamente a través de mi hermana. Ella siempre ha sido un pilar en mi vida. Y muy cercana en lo espiritual, lo material y lo emocional. Cuando escuchó mi anhelo, su respuesta fue inmediata y contundente:

—Adelante, claro que sí. Vamos a hacerlo.

Ella me apoyó con una cantidad significativa de dinero. Con eso y mis ahorros, ya estaba más cerca del objetivo, pero aún faltaba una parte importante. Decidí entonces hablar con mi padre.

Esperaba un poco de resistencia, pero su respuesta fue un golpe frío.

—NO. ¿Cómo se te ocurre? No voy a sacar dinero para comprar ningún carro. Además, ni siquiera sabes manejar. ¿Y si nunca aprendes?

Sus palabras fueron un muro. No solo se negaba a ayudarme, sino que cuestionaba mi capacidad, mi determinación. En ese instante, sentí que su negativa era más que una cuestión económica, era una falta de fe en mí.

Pero mi hermana no se quedó callada. Con la firmeza que siempre la ha caracterizado, lo enfrentó:

—Papá, ¿por qué eres tan egoísta? ¿Por qué le cortas las alas? Ella puede aprender a manejar, puede lograrlo. ¿Acaso crees que solo tú puedes hacerlo? ¿Qué te hace pensar que es incapaz? Deberías sentirte orgulloso de que quiera cumplir sus sueños. Y, quién sabe, quizás algún día sea ella quien te lleve a pasear cuando lo necesites.

Mi padre, aunque herido en su orgullo, no respondió de inmediato. En el momento, pareció que sus palabras habían sido en vano. Pero con el tiempo, su actitud cambió. Algo dentro de él debió hacer clic, porque un día, sin más, me entregó el dinero que faltaba.

La emoción que sentí al comprar mi camioneta fue indescriptible. No era solo un vehículo; era el símbolo de mi perseverancia, del amor de mi hermana y, aunque tardío, del apoyo de mi padre.

Fui a varias concesionarias hasta que encontré esa camionetica. Un vagón que, desde el primer momento, sentí que era para mí. La compré sin dudarlo. Han pasado veintitrés años, y todavía está allí, en mi garaje, acompañándome fielmente. A lo largo del tiempo, esa camioneta ha sido testigo de incontables historias. Llevó a mi madre en hermosos paseos antes de que partiera, y hoy en día me permite sacar a pasear a mi padre.

Ese NO de mi padre quedó grabado en mí. No con rencor, sino como una lección. A veces, quienes más amamos son quienes más dudas tienen sobre nosotros. No porque no nos quieran, sino porque sus miedos y creencias los limitan. Pero nuestros sueños no tienen por qué ser limitados por los temores de otros. Porque cuando la determinación es más fuerte que la duda, los NO pueden transformarse en un SÍ.

Historias de decisiones y cambios de rumbo

Un NO convertido en bendición
Por Krystina Zambrano

En la vida, hay momentos que parecen definitivos. Momentos en los que apostamos todo por una oportunidad, convencidos de que es el camino correcto. Así me sucedió cuando quise formar parte de una academia que, en aquel entonces, admiraba profundamente. Mi intención era sumar valor, aportar mis conocimientos en la creación de contenido, ayudar con la estructura y, en esencia, ser cocreadora de algo significativo.

Pero las personas a cargo tenían otra visión, una limitada por la exclusividad y el deseo de reconocimiento individual. No había espacio para compartir la gloria ni para una verdadera sinergia. La respuesta fue un claro y contundente NO.

No lo tomé como una afrenta personal. Seguí adelante, convencida de que el rechazo no definía mi valía ni mi capacidad. Sin embargo, dentro de mí quedó esa chispa, esa semilla de posibilidad que, en el momento adecuado, encontraría la tierra fértil para crecer.

El tiempo pasó y, con la distancia, la perspectiva cambió. Hoy, al mirar atrás, solo puedo sentir gratitud por aquel NO. Porque aquella academia, que en su momento parecía un referente, comenzó a perder su brillo. Su impacto se diluyó, su calidad se desmoronó y, en retrospectiva, asociarme con ese proyecto habría sido más un lastre que una oportunidad.

Pero la vida y el universo tienen formas perfectas de reorganizarlo todo. Lo que en su momento parecía una puerta cerrada, en realidad era un desvío providencial hacia algo mucho más grande. Hoy no solo soy cocreadora de Día Club, sino que el proyecto ha trascendido fronteras, expandiéndose más allá del español, llegando a nuevos horizontes, a nuevos idiomas, a nuevas audiencias.

Si aquella puerta no se hubiera cerrado, quizás nunca habría encontrado el camino que realmente me pertenecía.

El rechazo, si lo miras desde una óptica positiva también puede ser protección y redirección.

Muchas veces, cuando una oportunidad no se da, lo vemos como una pérdida. Nos sentimos desilusionados, frustrados, incluso indignados. Pero lo que en ese instante no podemos concebir es que cada NO es una forma de protección y una redirección hacia algo mejor.

No todo lo que queremos es lo que realmente necesitamos. A veces, Dios nos aleja de lugares donde no floreceríamos para guiarnos hacia destinos más grandes, donde nuestro potencial puede expandirse sin límites.

Confía en el proceso. No te aferres al rechazo. Prepárate, crece y mantente listo. Porque lo que es realmente tuyo llegará en el momento perfecto, en la forma ideal y en la magnitud que jamás imaginaste.

Así que la próxima vez que una puerta se cierre ante ti, en lugar de lamentarlo, pregúntate: *¿Qué oportunidad aún más grande está esperándome?*

Cuando un NO te detiene, pero no te derrota
Por Luz Bobadilla

El sueño de viajar a Estados Unidos con mi hijo estaba a punto de convertirse en realidad. Después de meses de preparativos, papeleo y emociones encontradas, todo estaba listo. Ya teníamos los pasaportes en orden, la visa aprobada, los boletos comprados y hasta la ropa nueva cuidadosamente elegida. La ilusión nos envolvía como un manto protector, y la ansiedad por lo desconocido se mezclaba con la alegría de una nueva aventura.

El día del viaje la emoción se desbordaba en el aeropuerto. Familiares y amigos nos rodeaban con abrazos, consejos y bendiciones. Entre risas y algunas lágrimas, las fotos capturaban los últimos momentos antes de partir. Nos sentíamos imparables, hasta que llegó el instante en que la realidad nos sacudió de golpe.

Mientras avanzábamos en la fila del control migratorio, confiada y con el corazón latiendo a mil, entregué nuestros pasaportes. El oficial los tomó con la misma rutina con la que seguramente había visto miles de viajeros antes que nosotros. Pero su siguiente pregunta congeló el tiempo:

—¿Dónde está el permiso de salida del niño firmado por su padre y notariado?

Mi respiración se detuvo.

—¿Permiso? —pregunté incrédula—. Soy su madre, él viaja conmigo, ¿por qué necesitaría un permiso?

El funcionario, con mirada serena pero firme, respondió sin titubeos:

—Las leyes requieren que ambos padres autoricen la salida de un menor. Sin ese documento, su hijo NO puede viajar.

Aquel NO retumbó en mi cabeza como un golpe seco. Toda la emoción, toda la ilusión, se derrumbó en un instante.

No había opción. Con un nudo en la garganta, regresamos a la sala de espera. Afortunadamente, mis padres aún estaban allí, y con su abrazo cálido supe que no estaba sola. Sin embargo, la impotencia ardía dentro de mí. Habíamos hecho todo bien... o al menos eso creíamos.

En casa, la frustración dio paso a la determinación. No me rendiría. Busqué la forma de contactar al hombre que debía firmar ese permiso. No importaba que no hubiera una relación cercana entre él y mi hijo; en ese momento, lo único que importaba era encontrarlo y lograr su aprobación.

Días después, el destino me lo puso frente a frente. Con la carta de autorización lista en mis manos y un notario esperando, le expliqué la situación con la serenidad de quien sabe que no hay otra alternativa. Para mi alivio, accedió sin objeciones. Con una firma y un sello, el obstáculo que nos había detenido desapareció.

Semanas más tarde, con la misma emoción de antes, pero con una lección aprendida, nos encontramos nuevamente en el aeropuerto. Esta vez ningún NO nos detendría.

A veces la vida nos frena con un NO inesperado, pero solo depende de nosotros convertirlo en un punto final o en una pausa para buscar otra solución.

Buscando cambios cuando te dicen que NO
Por Aquiles Bottini

En la vida y en el trabajo, hay un punto en el que uno tiene que decidir si se queda esperando o realiza un cambio. A mí me tocó enfrentar esa decisión y, aunque al principio fue incómodo, hoy puedo decir que fue una de las mejores lecciones que he aprendido.

Cuando llevaba un año en mi empresa, me sentía bien, pero no completamente satisfecho. Sabía que podía dar más, que tenía habilidades que no estaba usando al máximo. Así que hice lo que cualquier empleado comprometido haría, hablé con mi jefe y le dije que quería asumir más responsabilidades, aprender, crecer. Esperaba al menos una conversación abierta, pero lo que recibí fue un NO rotundo. No era el momento, no existían oportunidades, no tenía espacio para mí.

Ahí tenía dos opciones: quedarme esperando o hacer algo al respecto. Y como esperar no es mi estilo, decidí moverme. Empecé a conocer más sobre otros departamentos, a reunirme con personas clave y a ver en qué podía aportar. Sin darme cuenta, había despertado interés en otras áreas de la empresa.

Obviamente, mi jefe se dio cuenta. Un día me llamó y tuvimos una conversación tensa. Para él, yo estaba siendo impaciente; para mí, simplemente estaba buscando oportunidades que él no me quería dar. Hubo un momento en el que sentí que estaba arriesgando demasiado, pero también sabía que no podía quedarme en un lugar donde mi crecimiento dependiera solo de la voluntad de alguien más.

Pocos días después, las cosas cambiaron. Los otros departamentos que habían mostrado interés en mí lo hicieron notar, y de repente, la empresa ya no quería perderme. Me ofrecieron un ascenso. ¿Qué aprendí de todo esto? Que la paciencia tiene su lugar, pero cuando empieza a convertirse en resignación, hay que tomar acción.

Nadie va a luchar por tu crecimiento más que tú mismo. Si sientes que puedes dar más, no te quedes esperando a que alguien más lo reconozca. Muévete, busca, insiste. La determinación y la iniciativa son las claves para abrir puertas, incluso cuando te las cierran en la cara.

El NO que abrió la puerta grande
Por Mayela Zambrano

La vida está llena de decisiones que parecen pequeñas en el momento, pero con el tiempo se convierten en los pilares de nuestro destino. Hay veces en que decir SÍ puede cambiarlo todo... pero hay otras en que el poder de un NO marca el camino con más fuerza que cualquier afirmación.

Corría el año 1992 cuando mi esposo me propuso algo que, en aquel instante, me pareció impensable: mudarnos a los Estados Unidos. Él estaba gestionando un posgrado, una oportunidad para crecer profesionalmente, y me pidió que lo acompañara en esa aventura.

Pero mi vida en Venezuela estaba completa. Era profesora, tenía dos trabajos, estabilidad, una rutina que amaba. No sentía que me faltara nada. ¿Para qué dejarlo todo? ¿Para qué empezar desde cero en un país donde no tenía raíces?

—Mi amor, si tú quieres irte, cuenta con todo mi apoyo. Pero yo, no. No tengo nada que buscar en los Estados Unidos. Y te digo algo: el día que me vaya, me iré por la puerta grande.

No imaginé en ese momento que aquellas palabras serían como semillas lanzadas al viento, esperando su tiempo para germinar.

Los años pasaron. Mi esposo trabajaba en México, y un día, en el año 2000, me dijo con el peso de la distancia en su voz:

—Ya no aguanto más estar solo. Es momento de que vengas.

El destino comenzó a moverse. El tiempo de mi jubilación llegó. Me despedí de mi país y de mi vida como profesora y me mudé a México. Allí pasamos cinco años, hasta que, un día, la gran oportunidad apareció. Schlumberger nos ofreció la posibilidad de mudarnos a los Estados Unidos como expatriados.

No podía creerlo. Entrar a los Estados Unidos como expatriados no era cualquier cosa. Era llegar con privilegios, con seguridad, con estabilidad. Era entrar por la puerta grande.

Ahí, de pie frente a la vida, entendí algo profundo: el NO que había dicho en 1992 no fue un rechazo al destino, sino una declaración de cómo quería que ese destino se manifestara.

Hoy, después de años de crecimiento y oportunidades en este país, puedo decir con orgullo que soy ciudadana americana. Y que cada paso de este viaje fue el resultado de una convicción firme, de un NO dicho con certeza, de una promesa que el universo cumplió.

A veces, cuando decimos NO, no estamos cerrando puertas, sino asegurándonos de que se abran en el momento correcto y de la manera correcta. El tiempo es sabio y nuestras palabras tienen poder. Lo que decretamos con el corazón y la certeza, tarde o temprano se hace realidad.

No temas decir NO cuando algo no resuene contigo. El destino escucha y, cuando sea el momento adecuado, te entregará exactamente lo que soñaste, aunque incluso mejor.

La libertad tenía un precio y yo lo pagué
Por Coromoto Roa

A veces, los mayores triunfos no están en lo que ganamos, sino en lo que somos capaces de soltar.

Después de mi divorcio, el apartamento en el que vivía con mi hijo seguía siendo un vínculo indeseado con mi exesposo. Legalmente, el inmueble nos pertenecía a ambos en partes iguales; pero en la práctica, yo era quien sostenía su techo, quien pagaba cada cuota de la hipoteca, quien asumía los gastos, quien lo habitaba con el peso de una historia que ya no existía.

No tardé en comprender que no bastaba con separarme de él, también debía liberarme de la sombra de su control. Cuando intenté negociar la compra de su parte, su respuesta fue una burla, un «tú no puedes hacerlo», dicho con la seguridad de quien cree que todavía tiene poder sobre ti. Para él, el apartamento no era un hogar, sino una inversión, una carta que prefería retener antes que soltar.

Pero yo no pensaba rendirme.

El tiempo pasó, y con cada día reafirmé mi determinación. Mientras él se aferraba al NO, yo me dedicaba a preparar cada SÍ que me acercara a mi independencia. Liquidé la deuda hipotecaria, reuní los documentos, busqué asesoría legal y me armé de paciencia. Sabía que la negociación no sería fácil, que él haría todo lo posible por retrasar el proceso, por hacerlo complicado, por desgastarme.

Y así fue.

Cada obstáculo fue colocado con la intención de hacerme desistir. Cada condición añadida buscaba probar hasta dónde llegaba mi resistencia. Pero yo ya no era la mujer que él había dejado atrás; había aprendido a pelear por mis derechos, a sostener mi voz con firmeza, a avanzar sin miedo.

Finalmente, tras incontables trámites, exigencias y esfuerzos, logré lo que parecía imposible. Pagué lo que me pidió y el apartamento quedó a mi nombre. Ese papel no solo representaba la propiedad de un bien material. Representaba mi libertad, mi paz, mi victoria sobre el miedo y la manipulación.

No compré únicamente un inmueble. Adquirí mi tranquilidad.

La verdadera independencia no llega cuando te alejas de alguien, sino cuando rompes cualquier lazo que te mantenga atado a su voluntad. Hay decisiones que deben tomarse por completo, sin dejar cabos sueltos, sin permitir que el pasado tenga la capacidad de condicionar tu presente.

La vida nos enfrenta a batallas en las que no basta con desear la paz, hay que lucharla. Y aunque el precio pueda ser alto, no hay tesoro más grande que la certeza de haber recuperado lo que siempre debió ser tuyo: tu derecho a decidir, a cerrar ciclos y a avanzar con la cabeza en alto.

Superando el NO con persistencia
Por Sara Ester Hernandez

Uno de los grandes NO que he superado inició en el año 2022. A finales de ese año, obtuve una beca de once mil dólares otorgada por la Asociación de Mujeres Empresarias para un entrenamiento ejecutivo en la universidad de mi elección. Soñaba en grande, y por eso decidí aplicar a la Universidad de Harvard para su curso ejecutivo de mujeres en alto liderazgo.

El primer NO llegó rápidamente. La organización que me otorgó la beca rechazó la transferencia de los fondos porque los cursos de Harvard excedían el monto asignado. El más económico costaba dieciséis mil dólares. Determinada, ofrecí pagar la diferencia de cinco mil de mi propio bolsillo, entregando un cheque para que pudieran hacer la transferencia.

Pensé que, con el problema financiero resuelto, el camino estaría despejado. Sin embargo, el segundo NO golpeó con fuerza. Harvard rechazó mi aplicación. Desconcertada, contacté a la universidad para entender la razón y me informaron que el programa estaba diseñado para mujeres con posiciones de liderazgo en empresas multimillonarias y al menos quince a veinte años de experiencia en su rol.

Lejos de desanimarme, pedí que me orientaran sobre cursos que se ajustaran a mi perfil. Me sugirieron un programa sobre manejo de la innovación. Con renovada energía, presenté mi aplicación y... otro NO. Según Harvard, no contaba con las credenciales necesarias. Insistí en obtener detalles y descubrí que debía presentar pruebas concretas de mi liderazgo en la industria.

No estaba dispuesta a rendirme. Preparé un portafolio detallado con documentación legal de mi empresa, certificaciones, testimonios de clientes, cartas de recomendación, fotos y toda evidencia de mi rol como CEO. Pasaron semanas de seguimiento constante hasta que finalmente, mi aceptación llegó. Había logrado inscribirme en el curso presencial.

Pero aún había más retos por vencer. Tuve que utilizar los recursos disponibles para subrayar mi condición de mujer latina, inmigrante y minoría, ya que la organización que financiaba mi beca apoyaba precisamente a mujeres como yo. Finalmente, con persistencia y estrategia, obtuve la aprobación definitiva.

Asistir a ese entrenamiento fue una de las experiencias más enriquecedoras de mi vida. Pero más allá de eso, comprendí algo fundamental: nunca debemos aceptar un NO sin cuestionarlo. Muchas veces, el NO no significa una puerta cerrada, sino una invitación a probar nuestra determinación y creatividad.

Así que, la próxima vez que recibas un NO, no lo veas como un rechazo, sino como un desafío. Pregunta por qué, busca alternativas, demuestra tu valor. Detrás de cada NO, hay un SÍ esperando ser conquistado.

Historias de emprendimiento y superación profesional

La determinación vale más que el dinero
Por Viviana Moreno

Nací en un pequeño pueblo donde las oportunidades eran contadas. Nadie podía imaginar hasta dónde llegaríamos en la vida porque la gente trabajaba en el campo o vivía de empleos simples, así que las aspiraciones y sueños que algunos tenían en otras dimensiones siempre aparecían inalcanzables. En este entorno de limitaciones, las mías no se quedaban atrás. Perdí a mi padre cuando tenía apenas tres años, y mi mamá, viuda a los diecinueve años y con dos hijas a su cargo, se enfrentó a la vida con una fuerza admirable. Aunque siempre tuvimos lo esencial, mi mamá tuvo que salir a trabajar muy duro para darnos una educación digna.

Durante la secundaria destaqué académicamente y obtuve la mejor puntuación en toda mi promoción, lo que me abrió la posibilidad de elegir cualquier universidad. En mi corazón siempre brilló el sueño de estudiar genética. Para lograrlo en Venezuela, debía cursar Ciencias Puras, y decidí que ese sería mi camino.

Sin embargo, no faltaron quienes dudaron de mí. Familiares, amigos y vecinos insistieron en que era un sueño inalcanzable, que mudarme de ciudad para estudiar esa carrera no era posible, en especial por la situación económica que nuestra familia atravesaba, pues no contábamos con los recursos para sufragar los gastos de manutención, transporte y universidad. No quería desistir y se me ocurrió la brillante idea de recurrir a mis tíos paternos, quienes tenían dinero de sobra, aunque les faltaba generosidad. No solo me dieron la espalda, sino que intentaron sepultar mi sueño bajo la losa de la mediocridad. Me dijeron que debía conformarme, que estudiara en el mismo pueblo como todos los demás, porque atreverse a más no era para gente como yo. Lo que no entendieron es que la verdadera pobreza no está en el bolsillo, sino en la falta de visión.

Yo decidí no aceptar ese NO como respuesta. En lugar de rendirme, lo transformé en una valiosa lección. Desde ese momento en adelante cada obstáculo sería una oportunidad para manifestar mi determinación. Me urgía demostrarles, no solo a ellos quienes me habían dado la espalda, sino a mí misma, el poder que hay en cada uno de nosotros cuando estamos convencidos de lo que queremos. El mejor ejemplo lo tenía en mi mamá, quien, con todas sus carencias, pero con su amor incondicional y voluntad inquebrantable, trabajaba incansablemente para que nada me impidiera avanzar. Cada centavo que ganaba lo destinaba a ayudarme a pagar la renta y la manutención, permitiéndome seguir adelante.

Al iniciar mi carrera, me entregué por completo a mis estudios y, al final del primer semestre, la universidad reconoció mi esfuerzo otorgándome una beca. Este apoyo fue fundamental, y en el cuarto semestre obtuve otra beca, la "Mariscal de Ayacucho". Gracias a estas dos becas y al sacrificio constante de mi mamá, pude culminar mi carrera a pesar de todas las adversidades. De los cincuenta y seis compañeros que iniciamos este camino, solo dos logramos graduarnos, y tuve el honor de ser la número uno de mi promoción. La carrera de Ciencias Puras, al incluir una tesis experimental, suele durar en promedio siete años, pero logré graduarme en cinco años y medio.

Hoy, al mirar atrás, comprendo que no aceptar un NO como destino me enseñó una gran lección de vida: la adversidad no define nuestro futuro, sino que nos impulsa a esforzarnos más y a buscar soluciones creativas. Cada rechazo se convirtió en una oportunidad para crecer, aprender y transformar un NO en un rotundo SÍ.

Esta historia no es solo acerca de la perseverancia académica, sino de la actitud con la que enfrentamos los desafíos. Cuando el mundo nos dice NO, tenemos dos opciones: aceptar la derrota o encontrar una manera de convertir ese rechazo en motivación. En cada obstáculo hay una posibilidad de aprendizaje, en cada negativa una oportunidad de crecer. La clave está en la determinación, el amor propio y la convicción de que somos capaces de alcanzar nuestros sueños a pesar de cualquier circunstancia.

Nunca permitas que los NOES de los demás definan tu futuro. Usa cada rechazo como un escalón hacia el éxito y demuestra que, con esfuerzo, disciplina y fe, todo es posible.

Un NO que todavía me duele
Por Olga Salazar

Vine desde mi pueblo con la esperanza de una vida mejor. Tenía apenas quince años cuando mi hermana, quien ya vivía en Los Ángeles, California, movió cielo y tierra para traerme a los Estados Unidos. Para mí, venir a este país significaba la oportunidad de estudiar, de construir un futuro diferente al que mi pequeño pueblo natal podía ofrecerme.

Pero al llegar, mi realidad fue otra. Mi hermana tenía cinco hijos y trabajaba para ayudar con los gastos del hogar. Viendo en mí una solución a su dilema, decidió que mi papel sería quedarme en casa y cuidar a sus hijos. ¿Y mi sueño de estudiar? Quedó relegado a un «quizás más adelante». Así pasaron los años, y con ellos, mi ilusión se fue apagando.

A los veinte años, la vida me puso en el camino de una joven en la iglesia. Amable y llena de luz, se interesó en mi historia y me habló de su oficio, era estilista. Le conté mi frustración, cómo mi hermana me negó la oportunidad de estudiar al convertirme en su niñera. Con determinación, ella me dijo: «Sal de ahí. Hay otras maneras. Trabaja, gana tu propio dinero y estudia». Sus palabras fueron como un faro en medio de mi oscuridad.

Decidí irme. Hablé con mi hermana y le anuncié mi decisión. Su enojo fue inmediato. No podía creer que la "abandonara" después de todo lo que había hecho por mí. Pero yo no estaba abandonando nada, estaba reclamando mi derecho a una vida propia.

Comencé a trabajar en una casa de familia, donde, por primera vez, recibía un salario. Con ese dinero me inscribí en una academia de belleza y estudié en las noches. Con esfuerzo y dedicación me gradué como estilista y manicurista. Poco después, logré abrir mi propio salón de belleza, y hoy, después de tantos años, sigo ejerciendo mi profesión con orgullo y éxito.

Sin embargo, el recuerdo de aquel NO de mi hermana sigue en mi corazón. Me pregunto qué hubiera sido de mí si ella hubiese apoyado mis sueños en lugar de frenar mi crecimiento. Pero también entiendo que su egoísmo fue la fuerza que me empujó a encontrar mi propio camino.

A veces, los NO que más duelen son los que vienen de quienes más queremos. Sin embargo, esos mismos NO pueden convertirse en el motor que nos impulsa a buscar nuestro propio destino. Cuando alguien cierre una puerta, no te quedes esperando a que la abra. Busca otra salida, porque siempre la hay.

¡Ese NO que recibí y fue imposible cambiar!
Por Raúl Pérez

Desde que tengo memoria, soñé con la carrera militar. Me imaginaba con el uniforme impecable, marchando con orgullo, sintiendo el peso de la responsabilidad sobre mis hombros. Ese era mi destino, o al menos eso creía.

En 1980, ese sueño pareció hacerse realidad. Me gradué de bachiller y logré superar los exigentes exámenes de admisión de la Academia Militar en Fuerte Tiuna, Caracas. Fue un momento glorioso para mí. Ni siquiera asistí a mi propia graduación porque ya estaba en Caracas preparándome para esta nueva vida. Mi madre recibió mi título en mi nombre.

Desde el primer día en la academia, supe que aquello no sería fácil. El entrenamiento era brutal: marchas interminables, paradas extenuantes, ejercicios físicos que ponían a prueba mi resistencia. Pero yo estaba listo para soportarlo todo. Mi voluntad era de acero.

Sin embargo, mi cuerpo tenía otros planes. Siempre supe que mis pies planos eran un problema, pero nunca imaginé hasta qué punto me jugarían en contra. Al principio el dolor era soportable, una molestia más en el sacrificio que estaba dispuesto a hacer. Pero con los meses, el esfuerzo me pasó factura. Llegó un momento en que ya no podía ni marchar ni caminar.

Terminé hospitalizado durante dos días. Al tercero, llegó el golpe más duro de mi vida ya que debía irme de baja.

Fue devastador. ¿Cómo regresaría a casa con las manos vacías? Mi padre había gastado dinero en todo el proceso de mi ingreso, y ahora yo volvía sin nada. Me sentía un fracasado

Pasé unos días en Caracas con mis tíos, pero tarde o temprano tenía que regresar a El Cobre. Y cuando lo hice, mi padre no perdió el tiempo en mostrarme su descontento. Me puso a trabajar como obrero en la construcción de la nueva casa de la familia sin pagarme un solo bolívar. También me mandaba a la finca cada vez que podía. Era un castigo, una lección, o ambas cosas.

Pero yo no iba a quedarme allí. Sabía que mi destino estaba en otro lugar. Así que, cuando tuve la oportunidad, me fui a San Cristóbal con mi amigo Simón e hicimos el curso propedéutico en la UNET. Pero ninguna de las carreras que ofrecían allí nos convencía. No quería conformarme con cualquier cosa, así como no quise resignarme con el trabajo en la finca o la construcción.

Fue entonces cuando la hermana de Simón nos habló de la carrera de Contaduría en la Universidad Católica. Yo ni siquiera sabía qué era eso, pero decidí inscribirme. Lo que al principio fue una elección sin pasión, con el tiempo se convirtió en mi camino. A pesar de las dificultades económicas, vivía alquilado y con muchas carencias, terminé encontrándole sentido y propósito a la contaduría.

Cinco años después, con mi título en mano, me di cuenta de que la vida no me había quitado mi destino, me había dado uno mejor.

Mi carrera me llevó a conocer personas, viajar, aprender, crecer. En uno de esos viajes laborales, conocí a la mujer que se convertiría en mi esposa y con quien formaría una hermosa familia.

Hoy, mirando hacia atrás, solo puedo agradecer. No siempre se estudia lo que se sueña, pero se aprende a amar el camino que el destino nos traza.

Y hay algo más que hoy me hace estremecer de solo pensarlo... En esos mismos tiempos en que yo intentaba convertirme en militar, en esa misma academia estaba Hugo Chávez. Ese hombre que después transformó a mi país en el caos que hoy conocemos. Yo no hubiese querido ni siquiera conocerlo, ni cruzarme con él. Lo que él hizo con Venezuela es algo que jamás podré perdonar.

Y entonces lo entendí: ese NO que me destrozó en su momento, terminó siendo el SÍ más grande de mi vida.

El NO que me hizo periodista
Por Mayela Chacón

En 2004, conducía el programa *Con Sabor a Pueblo* en *Mantellina 99.9 FM*, donde promovía la música campesina e invitaba a artistas a compartir su historia. Mi voz se hizo reconocida, el programa tenía buena audiencia y me comenzaron a invitar a festivales como animadora y jurado.

Todo marchaba bien hasta que el dueño de la emisora me llamó un día y, con seriedad, me dijo:

—No puedes seguir haciendo entrevistas. Eso es ilegal. Solo los periodistas titulados pueden hacerlo.

Sus palabras me dejaron en *shock*. ¿Cómo podía ser que mi pasión tuviera un límite impuesto por un título? Pero en lugar de rendirme o discutir, respondí con determinación:

—Si la ley lo exige, estudiaré periodismo.

Ahí nació un propósito inquebrantable.

Busqué opciones y me inscribí en la Universidad Católica Cecilio Acosta de Maracaibo para estudiar Comunicación Social. Era 2005, estaba recién divorciada, con dos hijos pequeños y sin apoyo financiero de mi exesposo. Trabajaba en varias actividades para sostenernos y, aun así, me comprometí con mi meta.

Durante cuatro años me levanté a las tres de la madrugada para estudiar antes de comenzar mis responsabilidades diarias. Como motivación, mi clave de acceso en la universidad fue Licenciada2009. Y así fue. En octubre de 2009 me gradué con honores, siendo la mejor de mi promoción.

Aquel NO que parecía un obstáculo resultó ser un trampolín. Desde entonces, no solo hice radio con libertad, sino que expandí mis horizontes:

Creé programas radiales dedicados al crecimiento personal y familiar.

Me convertí en docente universitaria, enseñando comunicación a futuros filósofos.

Publiqué revistas sobre la cultura e historia de pueblos tachirenses.

Ingresé al Colegio Nacional de Periodistas y fui electa secretaria de Finanzas en la seccional Táchira.

Competí en los Juegos Nacionales de Periodistas, ganando medallas en caminata, dominó y bolas criollas.

Aquel NO, no solo me dio una carrera, me dio una identidad profesional y una vida llena de logros y satisfacción personal.

A veces, el NO más doloroso es el que más necesitamos. Puede parecer una barrera, pero en realidad es un desafío disfrazado de oportunidad. Si lo tomamos como un impulso y no como un freno, nos llevará más lejos de lo que imaginamos.

No escuches esa voz
Por Eligio Chacón

Nací en un pequeño pueblo donde la pobreza no solo se veía en las casas de barro y techos de zinc, sino también en las oportunidades. Sin embargo, aunque el dinero escaseaba, los sueños y las ganas de salir adelante abundaban. Nuestros padres, con más amor que recursos, hicieron todo lo posible para darnos educación, porque sabían que era la única llave para un futuro mejor.

Cuando terminé el bachillerato, supe que no podía quedarme ahí. Ir a la universidad era mi meta, pero la realidad era dura. Fue entonces cuando la vida nos puso un faro en medio de la tormenta mediante un sacerdote recién llegado a nuestro pueblo, El Cobre.

Este sacerdote no solo era un guía espiritual, sino que se convirtió en un mentor y un impulsor incansable de la juventud. Creía en nosotros, en nuestro deseo de superación; y con una determinación admirable, comenzó a buscar soluciones. Fue él quien consiguió un garaje en San Cristóbal, cerca de la universidad, que una familia generosa cedió para que lo utilizáramos como refugio.

Aquel garaje se convirtió en nuestro hogar. Con cartón-piedra dividimos el espacio en doce cubículos minúsculos. En cada uno cabía apenas una cama, un escritorio improvisado y una caja donde guardábamos nuestra ropa. Para nosotros, aquel rincón representaba la esperanza de un futuro mejor.

No teníamos dinero. Había días en los que pasábamos sin comer, pero lo más difícil era la inseguridad, el miedo a no lograrlo. No nos atrevíamos a buscar trabajo, nos sentíamos insignificantes, como si el mundo nos viera demasiado pequeños para merecer oportunidades.

Hasta que un día, pasando frente a la famosa Dulcería Andina, vi a un hombre descargando cajas de una cava. Sin pensarlo, sin que nadie me lo pidiera, me acerqué y empecé a ayudar.

Esa pequeña acción cambió mi destino.

La dueña del negocio, al verme, me preguntó si quería trabajar allí. No lo dudé ni un segundo. Le dije que sí, que lo necesitaba, que estudiaba en la universidad y que no tenía cómo alimentarme. Me abrió las puertas de su negocio y trabajé con ella durante cuatro meses. Cuando el trabajo terminó, al menos tenía algo de dinero ahorrado para sobrevivir un tiempo más.

Pero entonces llegó la tentación de rendirme.

Un amigo, en la misma situación que yo, se me acercó y me dijo:

—Esto no tiene sentido. No tenemos nada. No tenemos futuro. Yo me voy a mi pueblo a sembrar papas, ¿por qué no te vienes conmigo?

Y ahí fue cuando escuché esa voz.

Esa voz que te susurra al oído que ya no puedes más.

Esa voz que te dice que renuncies, que abandones tu sueño, que aceptes que no hay nada para ti.

Esa voz que ha detenido a tantos antes que a mí.

Por un instante la escuché. Sentí la tentación de rendirme, de regresar a la seguridad del hogar, de aceptar un destino que ya estaba escrito para mí.

Pero entonces, otra voz —más débil, pero firme— se alzó en mi interior.

No te vayas.

Lucha.

Para ti hay algo más.

Respiré hondo y miré a mi amigo a los ojos.

—Lo lamento, pero yo me quedo.

Esa misma noche, en la universidad, conocí a un muchacho cuyo padre tenía una empresa en La Concordia. Le conté mi historia y, al día siguiente, me consiguió un trabajo como vigilante.

Durante ocho meses trabajé de noche y estudié de día. Fue duro, agotador. Pero aquel empresario vio algo en mí. No era mi talento, porque aún no había demostrado nada. No era mi experiencia, porque no tenía ninguna. Vio en mí algo más valioso: lealtad, constancia y deseo de superación.

Un día, me llamó a su oficina y me dijo:

—Quiero que te encargues del almacén.

Y así lo hice. Seguí trabajando hasta que logré graduarme como licenciado en Educación en el área de Ciencias Sociales en la Universidad Católica del Táchira.

Mas adelante, este joven tímido que sentía miedo hasta de pedir trabajo, incursionó en la política y se convirtió en alcalde de su pueblo, un logro que hasta hoy me llena de orgullo.

Hoy me pregunto, ¿qué habría pasado si hubiera escuchado aquella voz?

¿Qué habría sido de mi vida si aquel día le hubiese dicho a mi amigo: «Sí, volvamos al pueblo»?

Tal vez hoy sería agricultor, y no habría nada de malo en ello, pero no habría cumplido el sueño que me hacía vibrar por dentro.

A veces, la vida nos pone en situaciones en las que todo parece estar en contra. Pero rendirse nunca es la respuesta.

Si alguna vez una voz te dice que abandones tu sueño, ignórala. Sigue adelante. No te rindas. Porque las oportunidades siempre llegan, pero solo para aquellos que aún están en el camino para recibirlas

El SÍ absoluto
Por Mayela Zambrano

Después de haber leído todas estas historias, incluso las mías, me he dado cuenta de algo revelador: mi vida ha sido un SÍ absoluto.

Desde niña, desde adolescente, como joven, como mujer madura... siempre un SÍ.

Un SÍ para hacer cosas que, a veces, hasta iban en contra de mi propia seguridad.

¿Irme sin permiso? SÍ, me voy.

¿Caerme? SÍ, me caigo.

¿Levantarme? SÍ, me levanto.

¿Cometer errores? SÍ, comételos.

¿Tropezar con la misma piedra? SÍ, date contra esa piedra.

¿Golpearte? SÍ.

¿Embarrarte? SÍ

¿Volver a levantarte? Siempre SÍ.

Nunca tuve una voz que me dijera: NO hagas eso. NO, eso es peligroso. NO, eso no es para ti.

Siempre, la voz dentro de mí decía SÍ, SÍ y SÍ.

SÍ para triunfar.

SÍ para estudiar.

SÍ para la vida.

SÍ para defender lo que creía justo.

SÍ para ser madre, para ser esposa, para ser hija, para ser hermana.

SÍ para reinventarme. No una, sino dos, tres, cuatro veces.

SÍ para salir de mi país y dejarlo todo atrás.

SÍ para viajar, para conocer otros países, otras culturas.

SÍ para conocer gente nueva.

SÍ para crecer, si para conocerme a mí misma

SÍ para aceptar consejos y lo más importante;

SÍ para conocer a Dios y para llevarlo en mi vida.

Y hoy, a esta edad, continúo diciendo SÍ.

SÍ para escribir este libro.

SÍ para llegar a muchas personas que lo leerán.

SÍ para dar esperanza, para ayudar a otros a abrir la mente, como yo la he abierto al leer todas estas historias.

Mi historia no ha sido nunca acerca de aceptar un NO por respuesta.

Mi historia ha sido un rotundo, absoluto y eterno SÍ.

Mi vida ha sido un SÍ total.

www.ingramcontent.com/pod-product-compliance
Lightning Source LLC
Chambersburg PA
CBHW051807040426
42446CB00007B/560